わが子のやる気の育て方

ジョビィキッズ
Jobbykids

マガジンハウス

はじめに

「ジョビィキッズの子供たちは、挨拶もできるし、どの子もしっかりしていますね」

「一人一人に個性があって、いいですね」

　仕事の現場の方々に、よくこんなことを言っていただけます。私たちにとってはどの言葉も大変うれしく、子供たちが頑張ってきた努力のたまものだと思っています。一つ一つの芝居に一緒に向き合い、真剣に取り組んできた結果がうれしい評価につながっているんだと、日々、感謝しています。

　ただ、私たちは子供たちと一緒に芝居をするのが好きなだけ。レッスン場で同じ表現者として真剣に向き合っているだけ。子供たちのことを「子供だから」という見方で接することは一切していませんし、特別、多くの言葉を子供たちに投げかけているつもりもありません。

　もともと、子供たちには一人一人素晴らしい個性がありますし、日々、一生懸命に努力しているだけなのです。

近頃、「芦田愛菜《あしだまな》ちゃんみたいになるには、どうしたらいいですか？」「愛菜ちゃんみたいになってくれれば」などと耳にします。

マスコミの方からも「どうやって芦田愛菜を育てたのか？」などと質問されたりしますが、わが子をほめられるように嬉しく思う一方で、「愛菜のように育てる」という表現にはどうしても違和感を持ってしまいます。愛菜は愛菜であり、鈴木梨央《すずきりお》は梨央、寺田心《てらだこころ》は心なのです。どの子にも素晴らしい魅力があり、ほかの人が真似ても、その子の素晴らしい色を消してしまうだけです。子供たち一人一人の外見が違うように、中身も違うのですから。

こんなことを言うと、「じゃあ、うちの子はどうやって個性を伸ばせばいいのだろう？」「うちの子の才能は何だろう？」と悩まれますよね。

最初に書いた通り、私たちは特別なことをしたわけではないのです。

ただ、子供たちとともに真剣に向き合った20年でした。その20年のあいだに子供たちが興味を抱き、聞く耳を持ち、一生懸命努力をするヒントがあるとしたら……。

本をまとめるにあたっては、ジョビィキッズに所属する子供たちの親御さん約1000人に協力をお願いし、アンケートをとらせていただきました。一人一人、どんなことに悩み、迷っているのか、お子さんに向き合っているのか、今、抱えていることすべてを知りたいと思ったからです。

親御さんたちとともに、子供たちと切磋《せっさ》琢磨《たくま》して一人一人の人生を切り拓き、また、多くの子供たちを社会に送り出してきたなかで、さまざまなことを教えられました。気づかされました。伸びる子たちをたくさん見てきました。

今、その経験をこうしてお伝えできるのは、私たちが出会った子供たちと親御さんたち、そして子供たちを支えてくださるすべての方々のおかげです。それが、子育て中の親御さんたちのヒントになるなら何より幸せです。

CONTENTS

第2章 わが子の自信を育てる

第3章 わが子の素直な心を育てる

第6章 親御さんへ 自分を信じる心を育てる

第1章

わが子の やる気 を育てる

「好き」という情熱は
可能性を無限に広げます。

第1章

わが子のやる気を育てる

ジョビィキッズは通常のレッスンのほかに、年に1回、2泊3日の合宿を行っています。合宿所に着いたら、寝る、食べる、お風呂に入る時間以外はすべてレッスン。参加するのは歌や芝居が好きな子供たちですが、尽きないカリキュラムの連続は、子供にとっては本当に過酷。たくさん笑うけれど、たくさん泣きます。日に日に疲れも溜《た》まってきます。でも、子供たちの顔つきは不思議とどんどん生き生きしてくるのです。それはなぜでしょう？　子供たちの、歌や芝居が好きだという気持ちに、さらなる火がつくからです。

合宿を終えて子供たちが家に帰ると、親御さんは目を丸くしてこう言います。

「うちの子、びっくりするくらい変わっちゃいました！」

私たちはこの合宿で一つでも多くのことを子供たちにつかんでほしい、学んでほしいと思っています。子供たちが夢中になって、何かをつかみたいと思って過ごす3日間は、必ず大きな変化をもたらすと信じているからです。

ある子は、なかなか読まなかった本を進んで読むようになり、それがドラマの原作小説だと知ると、「1話から10話まで全部観たい」と言って、DVDを食い入るように観はじめたそうです。こういうエピソードを聞くと、こちらまでうれしくなります。

芝居に限らず、ピアノでもサッカーでも図画工作でも、子供は「好きなこと」に出合うと、時間を忘れて没頭します。ものすごい集中力で向き合い、学んでいきます。そんな子供たちを見ていると、子供の可能性を無限に広げる何よりの鍵は、「好き！」という気持ちだなと、本当に思います。

成し遂げたい何かに向かうとき、「好き」という気持ちは最大の力になります。なぜなら、「好き」には集中力が宿るからです。ジョビィキッズの子供たちを見ていても、オーディションに受かる子や、頭ひとつ突出していく子は集中力の度合いが違います。芝居をしているときでも、本を読んでいるときでもそう。集中力を最大限に発揮したときの子は本当に最強、鬼に金棒です。

ただし、その集中力は、「なんとなく好き」というレベルでは出てきません。本気で好きじゃないと出てこないのです。そして、その**集中力は、身につけさせようと思って身につくものではなく、子供の中で自発的に生まれるもの。だから親御さんには、子供にいろんな体験を与えてほしいし、それを一緒に楽しんで、「何かやるのって面白いんだ」ということに気づかせてほしい**と思っています。

たとえば小さな子供は、工作をやらせると本当に集中します。「次どうなるのかな？」「次はこうしよう」という一点に気持ちが集中し、もっと知りたい、もっとやりたいと没頭していく過程に邪念の入りこむ隙はありません。

小さい頃にそんな体験をたくさんした子は、大きくなっても何でも楽しめる「楽しみ方上手」になる気がします。さらにいえば、そういう訓練をしている子は興味を持つのが上手であると同時に、ここぞというときにぐっと意識を集中させられます。

そして、楽しむのが上手な子の親御さんは、たいてい楽しませ方上手。子どもが何か疑問を抱いたら、簡単に答えを与えずに自分で考えさせます。**答えを出さない代わりに、わくわくするヒントを言います。それが興味をそそるのです。**すると子供は、ちょっと調べてみようかな、ちょっと考えてみようかなと思う。子供が自分の考えを話してきたら、「すごいじゃない！　そんなこと考えてるの？　じゃあ、その先、お母さんにも教えてよ」と盛り上げてくれます。そんなやりとりや、わくわくする体験の積み重ねが、子供の「好き」を深める一つのきっかけなのかもしれません。

大人だってそうですよね。「好き」なことは、誰に頼まれなくても勝手にやります。それと一緒。きっかけなんて、本当は、どうでもいいんです。本気で「好き」になったときのすごいパワー、きっとお子さんの中にも眠っていると思います。

「できないこと」ではなく、
「やらないこと」が
カッコ悪いこと！

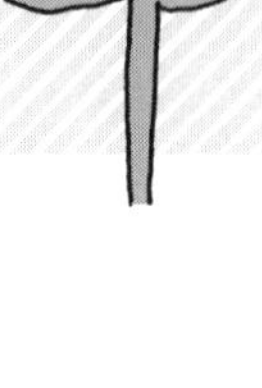

第1章 わが子のやる気を育てる

勉強でもスポーツでもなんでもそうですが、親の期待通りに子供ができないとなると、子供以上に親御さんのほうががっかりされるケースが多いようです。自分のことのように落ち込んで、「うちの子はあれもできない、これもできない」と溜め息をついたりして……。ジョビィキッズのレッスンでも、「うちの子、だめなんです。またできなくて」などなど……。

できないことは「だめなこと」「カッコ悪いこと」なんでしょうか？

長年、子供たちと一緒に切磋琢磨してきた私たちにとって、それはとっても残念な思い込みです。**「できない」ことは「カッコ悪い」ことではなく、「今、できない」というだけで、それは「もっとできる」「もっと素敵になる」という無限の可能性**なんじゃないかと思うのです。私たちが子供たちに接するうえで大切にしているのも、「できる・できない」ではなく、何ごとにも全力投球し、自分を高めようとする気持ち。今できなくても、その子なりに一生懸命頑張っていれば、まずはその姿勢を認めて、全力で応援していきます。つまり、「やるか・やらないか」なのです。

あらゆる習い事やオーディション、受験勉強でも、合否や勝ち負けはさておき、**全力でぶつかることは本当に大事です。たとえ望み通りの結果が出なくとも、「やり**

きった！」という満足感は何物にも代えられないもの。のちの子供たちの記憶に残り、「努力をする」きっかけづくりになるのです。このことは、私たちが日々、子供たちから教えてもらっていることでもあるんです。だから、結果ではなく、できる限り、その過程を見ていきたいし、そうしているつもりです。

身近な例でいえば、小学校の運動会にもそういう側面がある気がします。子供にとって年に一度の運動会は、身も心も熱くなる学校生活の一大イベント。赤、白、青などの各組に分かれて戦う綱引きや１００ｍ走、応援合戦は、どれも真剣勝負です。この日のために練習を重ねた創作ダンスでも、指先まで神経を行き渡らせた子供たちの演技と表情は真剣そのもので、そのひたむきさに見ている親たちは胸を熱くします。

練習から本番まで、期間にすればほんの数週間の取り組みでも、仲間と力を合わせ、全力でぶつかった成果がそこにはあり、それが人を感動させるのだと思います。

私たちが合宿で行うダンス対戦も、この運動会に近いかもしれません。合宿では約10名ずつ12のチームを組んで競います。初日は、難しくできないと決めつけ、寝たふりをしたり、ふてくされて「やらない」と言う子もいます。その傍らで、できなくても懸命に努力をしている子もいます。

団体賞は3位まで。同じ土俵で順位がつくとなると誰しも上位に入りたくなるもの。ほかのチームと差がついてくると、最初グダグダしていた子たちも、「まずい！」という顔になって、焦って練習を始めます。やがて各チームの練習は熱を帯び、先生方が見ていない場面でも自分たちで教え合い、2日目、3日目には目の色も顔つきも、別人のように変化していきます。

そして最終日の結果発表では、3日前までふざけたり、ふてくされていた子が、両手を合わせて祈っているんです。「神様、なんとか自分たちに賞をください！」と。きっと、「頑張った」という思いがその子なりにあるからでしょう。ましてや、努力が実って賞を獲ったチームの喜びようはもう、尋常ではありません。後から、夜も寝る時間を削って踊りを合わせた子たちがいたと聞いて、その情熱にも胸が熱くなりました。「全力でぶつかるって、苦しいけど気持ちいい」。そんな思いを胸に刻んだ子供たちは、「自分はもっとできる！」という強い確信を得て、ひと回りもふた回りも大きくなります。

「できないこと」なんて気にしなくていいのです。むしろ、「やらないこと」こそ、カッコ悪いこと。「やってみよう」とする心を育てることが、親の役目なのです。

全力でぶつかるって
苦しいけど気持ちいい！

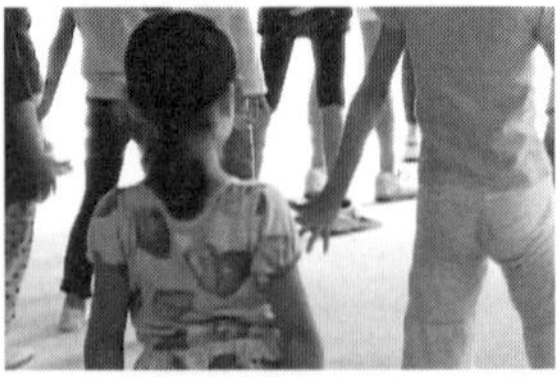

NEVER
GIVE UP

親の否定的な言葉は
子供に打撃を与えます。

「だからあなたはダメなのよ」

「あなたには無理」

「どうして100点とれなかったの？」

「お稽古代がもったいない」


私たちは、日頃から子供たちと接していますが、それ以上にお母さんお父さんと話をする機会が多くあります。そんななかで「子供の頃に親から言われて嫌だったこと」として教えていただいたのが、右の言葉です。けっこう辛辣《しんらつ》な言葉を投げかけられて、いまだに引きずっているお母さん。それを反面教師にして、わが子にはこんな言葉は言うまいと心に決めているお父さん。その心境は実にさまざまです。

子供たちのレッスンの場でも、時折、親御さんから耳を疑うような言葉を聞くことがあります。その男の子は頑張り屋さん。レッスンにも一生懸命取り組んでいるのに、ほかのお母さんとの立ち話で、「この子の演技、全然だめで。もうひどいのよ」などと言うのです。子供が横で聞いているにもかかわらず……。彼はレッスンのなかで努力を重ね、少しずつ成長している過程でしたが、この言葉が男の子の心を傷つけ、レッスンで見せた満面の笑みが一転、悲しげな表情になり、ずっとうつむいていました。

実は**親というのは、子供にとってはただでさえ「権力者」です。親が思う以上に、その口から出た言葉は子供に突き刺さります。**親が深く考えずに発した否定的な言葉も、倍になって子供の胸にのしかかったりするんです。

もちろん、普段からお子さんとよく話し、親子の信頼関係が築かれていれば、厳しい言葉も時には親身な叱咤《しった》激励として子供の心に響くのでしょう。

でも、いずれにせよ、子供の姿勢は親の声かけひとつで変わります。これまでいろんなシチュエーションを見てきましたが、親の言葉には、子供が伸びる言葉と伸びない言葉があるように思います。

たとえば、オーディションで不合格になった翌週、子供が一時的にやる気を失っている場合。「今度はもっと楽しんで、精いっぱいやろう。あなたならできるよ」と言われるのであれば、子供は次のステップへ向かえます。でも、「なんでこんなふうに笑えないの？」「なぜあなたは受からない？」と否定的なことを言われると、子供は傷つき、落ち込んでしまうだけです。

私たちは子供に指導や注意をしても、「こういうことをしたらいいんじゃない？やってごらん」と、先のある言葉を必ず添えるようにしています。「ずいぶん、お兄ちゃん（お姉ちゃん）になったね」「そんなこと考えるようになったんだ。先生だって、考えられなかったよ」などと言うと、表情が変わりますし、すごく頑張ります。CMやドラマ撮影の本番に行く前は、「頼んだよ」「任せるよ」と言うと、小さい子でも「はい！」と言って、必ず精いっぱい力を出してきます。

厳しいことを伝える際も、「絶対にできるよ」という言葉を添えるのと添えないのでは、子供の頑張り度合いが全然違います。

それが親からの言葉であればなおさらです。世の中に、わが子を応援したくない親はいません。わが子が大事だからこそ、はがゆかったり、なんとか頑張ってほしくて、つい厳しいことも言ってしまうのだと思います。そんなときは、**ひと呼吸おいて、「この子にいま必要なこと、この子がやる気を起こす言葉は何かな？」と考えてみてください。**

「言葉」というのは、プラスに働いて人を前向きにさせる一方で、使い方を誤れば、マイナスのパワーになることがあります。

ご家庭によっては、家族の中で一番発言力のある人がお母さん、お父さんではなく、祖父母という場合もあると思います。いずれにしても**その力は、振りかざすようにマイナス方向に使うのではなく、家族がより前向きになれる方向に導くために使っていただけたら**と思います。

楽しみの先にある真剣さが

「努力」につながります。

私たちが20年レッスンをやらせていただいているなかで痛感することがあります。それは、子供たちをやる気にさせるって本当に難しいということ。子供が伸びていくうえで最低限必要なことは、努力をすることだと思うのですが、目標が見つかっても、そこに向かってどう努力したらいいかがわからず、たとえばオーディションに落ちたときに、「この先の努力の方法がわからない」と言って辞めさせる親御さんもいます。

なかには、努力することの本当の楽しさを知る前に、「そこからが面白いのに」という手前で残念ながら辞めていく方もいます。すべての子供たちが、努力すること、一生懸命になることの喜びをどうすれば学べるのかが、今も大きな課題の一つです。

勉強でもなんでもそうですが、「やらなきゃいけない」と思うとハードルが高くなります。

「なんで勉強しないの？」

「なんでセリフ覚えてないの？」

そう言われると、とたんに義務感が生じて、やらされている感じがするものです。

でも**子供自身が「面白い」と感じ、ワクワクしながら取り組めば、もっとやりたくな**

努力のとっかかりにおいて、楽しむことは不可欠だと思っています。

大ウケした漢字ドリル（『うんこ漢字ドリル』文響社）などがわかりやすい例ですが、「うんこ」という言葉を用いた例文が小学生に**る**ものです。親からは敬遠されがちな「うんこ」という言葉を用いた例文が小学生に

私たちは楽しむということがどういうことなのかを肌で感じてほしくて、レッスンであ りとあらゆることを試します。それはもう私たちもホントに汗だくになって、「おーっ！　もっと楽しむぞ！　うぉーっ！」と鼓舞して、子供と一緒に徹底的に楽しみます。その中に少しずつお芝居や歌を取り入れ、手を替え品を替えいろんなことを準備して、子供たちをあきさせないようにして遊ぶんです。オーディションに受かるためにするんじゃない。まずは楽しむ！　そうすることによって、子供たちの目が生き生きしてくるんです。

すると、今までセリフを覚えることはやらなきゃいけないことと感じていた子が、セリフを覚えることは楽しいことと知る。お芝居をすることが恥ずかしかった子が、夢中になって何かをすることの楽しさを知る。気付いたら、当初の気持ちなど忘れて芝居に没頭しています。

真剣になると、子供はあるときフッと様子を変えて、自分の世界にのめり込みます。セリフの量が膨大で、やらなければならないことがいっぱいあっても、それをなんなくこなしている。夢中になる楽しさを肌で感じた子は、どんなに苦しくても自分から「辞める」とは言わなくなります。

そこを超えると、レッスン以外でも、「先生、質問していい？　この芝居のここって、どういう気持ちなんだろ？」と、もっと何かをつかみたくて仕方がない様子です。それが、外からは「努力」に見えるのでしょう。今度は自分から発想して自然に勉強を始めるんです。

これはスポーツや趣味、受験勉強でも同じです。**自分の夢や目標に向かう過程は、はたから見ると苦しいものでも、努力を努力と思わず真剣に取り組む本人は、その地道な歩みの中で日々の喜びや達成感という〝実感〟を得ています。**途中、テストや試合で思うような結果が出なくても、目の前の結果が、次に頑張ることの手がかりになる。楽しさの先にある真剣な取り組みが本当の喜びにつながるとわかるから、終わりのない努力が続くんです。

夢中になっているうちに
努力が始まっている——

子供の「NO」には、
いろんな理由があります。

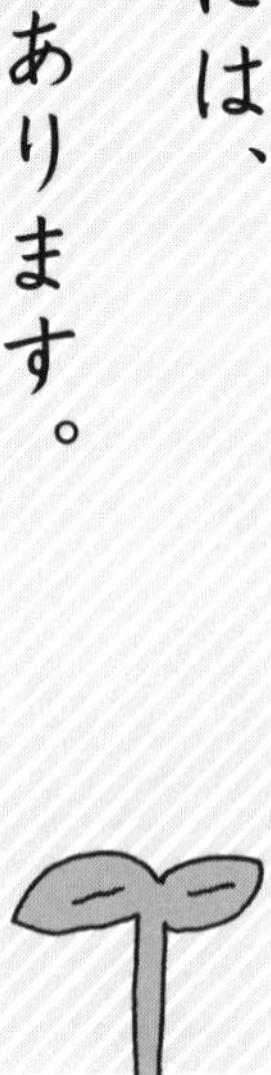

第1章

わが子のやる気を育てる

ジョビィキッズでは、レッスンに通う一人一人の子供たちのことをすべてのスタッフがしっかり把握できるように、毎回、先生方がレッスン終了後に子供の様子を書いた「報告書」を事務所に提出することになっています。

ある日、6歳の男の子のお母さんから、やや思いつめた声で、「うちの子、辞めさせたほうがいいでしょうか」と相談の電話がかかってきました。その子はやんちゃで、自分の意志をしっかり持っている子。自意識が強く負けず嫌いで、大人からするとちょっぴり手を焼くタイプです。

彼はその頃、レッスン中に先生から技術的な部分でダメ出しをされたことでガクンと落ち込み、「もう辞める！」という発言を繰り返していました。改めて報告書を見直すと、「できないことに対する悔しさを、まだうまく消化できていない」と書かれてありました。つまり、自分の思いをどうしていいかわからないがゆえの「辞めたい」だったわけです。確かに、レッスンを覗《のぞ》いてみると、自分がダンスも演技もうまくできているときは、とても熱心にやっています。

そこで、「うまくいかないから、辞めさせるんですか？」と聞くと、お母さんは、「いや、諦めない気持ちを養ってほしいです」とおっしゃいます。私たちは、「じゃあ、もう少し様子を見ましょうよ。絶対、大丈夫だから」と言って電話を切りました。

そのあとお母さんは、子供の気持ちをよく聞き、悔しさや恥ずかしさを感じることがどれだけ大事か、そこでめげずに頑張ることがいかに大切かを、彼に時間をかけて話したそうです。それから数年経ちますが、彼は今も元気にレッスンに通い、仕事も順調に決まっています。

また、ある女の子のお母さんは、娘がのびのびとした演技ができないことを気にして、「本当はやりたくないのに、私が無理にやらせているんじゃないか」と悩んでいました。

でも、週に1回のレッスンの中で自分を表現するって、とても恥ずかしいことです。その恥ずかしさと戦いながら、彼女は自分のなかで「どうやろうか」と懸命に考えて、一歩一歩、役に近づいていている。お母さんには全然できないように見えても、私たちが見ているぶんには、彼女は少しずつ表現というものを習得していっていました。それをお母さんに話すと、「ああ、そうですか。ちょっと安心しました」と笑顔を見せてくれました。

新しい何かに挑戦するとき、子供はいつも自分自身と戦っています。結果が出ないからだめと結論づける前に、待ってあげること、時間をかけてあげることも必要だと、子供たちを見ていて感じます。

子供が尻ごみしたり嫌がるのには、ちゃんと理由があります。それが、自信が持てないがゆえの拒絶なら、その「NO」は本当の「NO」じゃない。**子供が「できない」と言ってもチャレンジさせることで、〝頑張る気持ち〟が養われることも多いです。**また、「好き」という気持ちは奥が深く、苦手なものでも必死になって取り組んだ結果、好きになるケースもたくさんあります。ただし、親に勧められてやってみても、子供が全く見向きもしないようなら、また別の何かを見つけてあげたほうがいいこともあります。

根本に「それをやりたい」という気持ちがあれば、子供はつまずいたり足踏みしても、やがて必ず自分で何かをつかみます。その間、根気強く子供を見守ることができたなら、ともに成果を実感し合えるでしょう。

子供が「本当はやってみたい」という気持ちを見せたなら、「最後まで頑張ってごらん？」と、親として明るく背中を押したいですね。

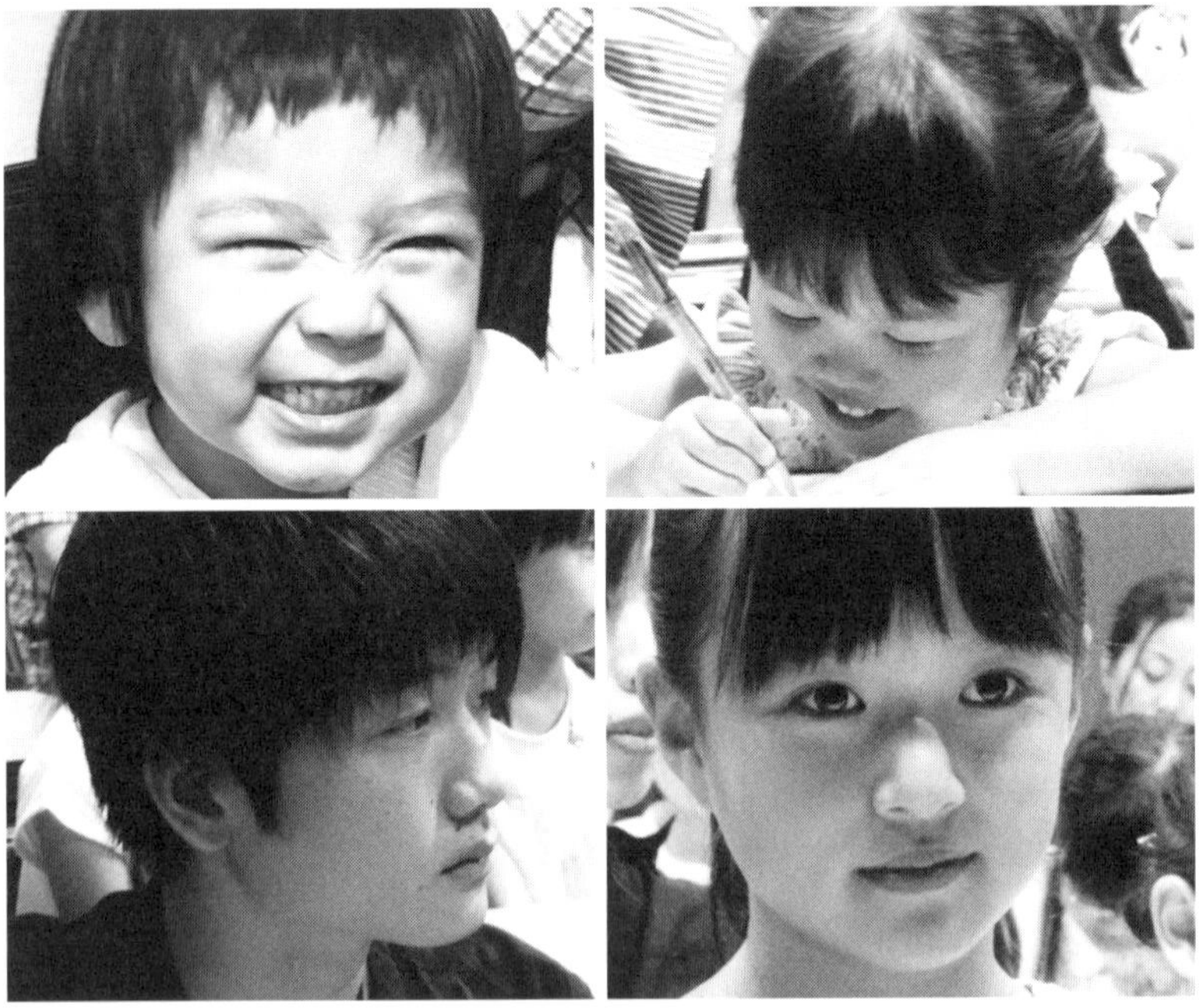

一人一人に
叶えたい夢がある

Jobbykids story

子供たちには「本気」でぶつかりたい!

ジョビィキッズがスタートしたばかりのことです。スタッフは3人。集まった子供たちは3歳から9歳までのわずか10人。芝居も何もやったことのない子供たちに週に1回、1時間20分のレッスンを行っていました。

レッスン場では、机の下に隠れて出てこない子、レッスンに参加しないで泣き続けている子、すぐに集中力が切れてしまう子などがいて……。窓の外に見えるのは、レッスン場を見つめる親御さんたちの不安げな顔ばかり。レッスンが終わるたびに、私たちはどうしたらいいのだろうと悩み、ほぼ毎日、明け方まで話し合っていました。

そんな試行錯誤が続くなか、ある日、何かが「プチン」と音をたてて弾けました。お笑い芸人さながら、そしてハードロック(!)バリバリで、『くいしんぼおばけ』を大声で踊りながら歌ったのです。騒いでいた子供たちは驚いて、一瞬、ポカーンと口を開けながら見ていました。そして次の瞬間、「かっこいい!!」と一緒に踊り出したのです。
「くいしんぼうのォー　おばけのコォー　イエ〜イ!!」
レッスン場では、子供たちがそれぞれにめちゃくちゃに踊りながら大声で歌ってい
ます。まるでライブ会場のよう！　私たちの心も子供たちの心もドンドン楽しくなり、
初めて心が一つになった気がしました。
それまで泣いていた子が、「先生！　すっごい楽しかった！　また来るからね」と
満面の笑みでうれしそうに帰っていったのです。
私たちはこの時、気づいたのです。自分たちが今まで本気で楽しんでいなかったこ
とに。子供たちとめちゃくちゃに歌っているとき、本当に心の底から楽しくなったん
です。もしかしたらおかしくなったんじゃないかと見えるくらいだったと思いますが、
そんなこと全く気になりませんでした。
大人は時に、「子供に教育する」とか「指導する」ことを、頭で考えた形のなかで
伝えようとしがちです。でも、子供たちは、そんな形なんか全然関係なく、言葉を覚
えるように、共感しながら吸収していくのかもしれません。
子供たちは常に正直に本気でぶつかってくるのです。私たちはそれに負けないよう

に、つねに本気で向き合おうと思っています。

「本気」の先にある素晴らしい体験！

ドラマで「いじめの役」をやった子供がいました。その子のお母さんは、この役に乗り気ではないようでした。でも、子供の「やってみたい」という言葉に押されたようでした（ちなみにジョビィキッズでは、子供がその仕事を受けるのか受けないのかの、最終的な判断は親御さんに決めていただいています）。

いじめる役をやり終えたその子は、泣き出しました。「いじめるのは可哀相だった」と。わずか5歳の子供から出た言葉です。演じることはその役を掘り下げて感じとること。この子は、いじめの持つ本質を理解したのです。

私たちは、子供たちに物事の表層的なことではなく、本気で取り組むことで「本当のこと」をどう感じ、どう行動するのかを考えてほしいと思っています。

それは、時にとても時間がかかることもあるのです。

ある女の子は、宣伝用の写真を撮るのを嫌がり、ジョビィキッズに入ってから2年も経過していました。レッスンには必ず来るのですが、参加もしませんでした。でも、熱心に他の子の様子を見て、私たちが子供たちにアドバイスする言葉も聞いていたようです。ある日のこと、「写真撮ってもいいよ」と言い出しました。きっと、どこかで自分も頑張れると思えたのでしょう。それからは、どんどん芝居にも参加し、もちろん悔しい思いもしたと思いますが、本気でレッスンに向き合うようになりました。その2年後です。8歳になった彼女は、オーディションに挑戦し、大役をゲットしたのです。

本気で向き合ってきたレッスンの積み重ねによって、その先にある「好きなこと」を続ける素晴らしさを、彼女は肌で感じとったことでしょう。

私たちは、そんなふうに一人一人の子供たちの成長をそれぞれの個性に合わせて引き出し、焦らずともに歩いていきたいといつも思っています。

第2章

わが子の自信を育てる

自分でやろうとする気持ちを
尊重しましょう。
それが自立の第一歩です。

第2章

わが子の自信を育てる

ジョビィキッズに入ってまもない子供たちは、レッスン前や面談の際、たいがい最初は親御さんの膝の上に乗っています。子供にとって親の膝の上は絶対的な安全地帯。入ったばかりの頃は親も子供も心もとなく、膝に乗っていることでお互い安心するのかもしれません。

でも私たちは、まずそれをやめてもらいます。「お子さんをレッスン場では絶対に膝の上に乗せないでください。横に座らせてください」と。3カ月もすれば、最初はギャーギャー泣き、すきあらば親の膝に乗ろうとしていた子が、最初から親の隣に静かに座るようになっていきます。まず膝からおろす、という形から入っただけなのに、全然変わるんです。

3歳からレッスンに参加する子供のなかには、まだオムツをつけている子もいます。ある日、レッスンを始めたばかりの男の子の親御さんから、「オムツがとれるまで、やはりレッスンは難しいんじゃないでしょうか」と心配する電話があったので、レッスンを担当した先生に様子を聞きました。すると先生は、興奮気味に言うのです。

「いやいや、彼はすごいですよ！　確かにオムツはしていますが、一生懸命、前向きにやっていきます」

私たちは3歳だからといって子供扱いをした言い方はしません。厳しい指導をしたって、適応能力はちゃんとある。親が考えている子供の力量と、実際に子供が自分で歩こうとする力は全然違います。**子供の持つパワーは、ほとんどの場合、親の認識をはるかに上回っています。**

2泊3日の合宿でも、子供たちは親に頼れないので、何歳だろうが自分のことは自分でやります。長い髪の毛を初めて自分で結んだ5歳の女の子は、仕上がりはいまひとつでしたが、自分でできたことで自信がついたようです。やってくれる大人がいなければ、自分たちでなんとかしようと頑張る。「まだ○歳だからムリなのでは」と思うのは、親の先回りというもの。大人が思う「できた」と子供の「できた」の完成度は違っても、**簡単に手を貸さないことが子供の成長につながるのです。**

オーディションを受けるとき、3歳以上の子は親から離れて自分だけで会場に入り、オーディションに臨まなければなりません。その間、親は別室で待ち、誰も手を貸してくれない。子供はそれまで自分が勉強したり身につけてきたことを、自力で表現しなければなりません。ドラマやCMの本番ももちろんそう。カメラが回ったら頼れるのは自分。親も私たちも、「頑張ってきなさい」「悔いなくやってきなさい」と声をかけることしかできないんです。それは、この世界に限らず、社会生活すべてに言えることです。学校の受験でも就職活動でも同じ。家から一歩外に足を踏み出したときには、自分の足で立って、考えて、答えを出していかなければなりません。

もしできなくても、どうすればいいかはそのあと考えればいい。**心配して先回りするより、「この子はできる」と信じて、まずはやらせてみましょう。**それがわが子の自立の第一歩になるのです。

甘えん坊なのは今だけ、
親子で「大丈夫」の心を
育てましょう。

第2章

わが子の自信を育てる

ジョビィキッズでは、所属する3歳以上の子供たちに週に1回、演技、歌、ダンスを含む1時間20分のレッスンを行っています。入った当初は、3～5歳の子供の多くが親御さんからなかなか離れることができません。

甘えん坊の子ほど親御さんにべったりで、離れるときもオーバーアピール。ちょっと離れただけで「わーっ！」と泣き出します。それが1カ月も続くと、「ほかの方に迷惑がかかるんじゃないか……」と、親のほうがくじけそうになるのですが、私たちは「大丈夫ですよ」と預かります。

実は甘えん坊タイプの子は、しっかりと自分を持っています。一人では何もできないのではなく、周りからどう見られるかが気になり、周囲をよく観察しています。自意識が強いぶん、「自分にできるかどうか？」という不安も大きいのかもしれません。

泣いている子に私たちは、例えば「今日、なに食べてきた？」などと、レッスンとは関係のない話をします。初めは頑なでこちらの顔さえ見ようとしなかった子が、「オムライス……」と答えれば、「へぇ～、オムライスが好きなんだ。幼稚園では何して遊んだの？」と会話を続けると、徐々に心を開いてたくさんの話をしてくれるようになります。そのうちレッスン中の子に目を向けさせて、「あの子どう？　上手だよね」と言うと、「ホントだー」と言って的確な意見を述べたりするので、「だったら一緒にやってみる?」と誘うと、「うん!」とレッスンに加わるようになります。

甘えん坊の子は、今まで怖くてやらなかったことも、できる楽しさがわかりだすと習得スピードが速いんです。そして自分に自信がつくと自立も早く、いざというときには大きな力を発揮します。

ところで、子供が過剰に甘えん坊になる背景には、親御さんの影響があるように思います。一つには、普段、子供を保育園などに預けていて、わが子を「可哀相」だと思っている親の場合。もう一つは、つねに子供と二人だけの世界で過ごしていて、わが子が泣いたり嫌がったりするとすぐに「可哀相」と思う親の場合です。そう。どちらの親御さんにも共通するのが、わが子に対する「可哀相」という思い込み。

「自分がいないと、子供がまた寂しがるんじゃないか」

「自分から離れたら何もできないのではないか」

そんなふうに心配しますが、どちらも、実は親のほうが離れられないだけ。不必要に甘やかしているに過ぎません。**自分の心配を言い訳にした「可哀相」は禁句、絶対に思っちゃいけないことです。**

半年ほど経つと、レッスンにはまた新しい子供たちが入ってきます。その子たちが親と離れて泣いていると、ついこの間までめそめそしていた子が泣いている子のそばに行き、「大丈夫だよ」と声をかけています。自分がお兄ちゃん、お姉ちゃんになったと自覚することで、またぐんと成長するのです。

親御さんはわが子がいつまでも甘えん坊だと思っているのかもしれませんが、それはどの子供も通る道。むしろ、甘えん坊は〝親の心配性とセット〟。「私が心配しすぎなのかな？」と気楽に考えてみてください。そして、わが子を可哀相と思うのではなく、自立するための大切な時間を与えてあげていると前向きに考えてください。

子供は、一人で何かを体験し、学ぶことで確実に成長します。子供にとって、「こういうことができるようになったよ」と親に伝えることは、とても誇らしいこと。そんなチャンスを作ってあげるのも親の役目です。

今、ドラマやCMでのびのび芝居をしている子供たちも、最初は泣いていることもありました。最初はみんな甘えん坊ですが、「大丈夫」と送り出しさえすれば、やがて頼もしい姿を見せてくれます。

消極的だと心配するより
小さな自信を与えましょう。

第2章

わが子の自信を育てる

親御さんの目には、わが子の消極的なところが特に気になる部分として映るようです。でも、私たちは「この子は消極的だから」という言葉を一度も使ったことがありません。芸能の世界を目指す子供たちなら当然だと思うかもしれませんが、そうではなく、私たちは積極的・消極的という分け方をしないのです。

消極的に見えるのは慎重さ、思慮深さの表れ。周りを見る目もあるので、チームワークが求められるドラマに向いていると考えます。積極的な子は爆発力があるので、CMのような単発の仕事に向いている、そんなふうに分析しますが、どちらにももちろんマイナス面はあり、周りが見えすぎて動けない場合もありますし、積極的すぎて自分を抑えられなくなる場合もあります。

消極的だからダメというのでは、その子のいいところも消してしまいます。慎重だからって何が悪いのでしょう。ジョビィキッズで育った子と接していると、「もうちょっと考えてからじゃないと言えないので、もう少し時間をもらえますか」と言われる場面に出くわしますが、それで全然いいと思います。

それに、なんでも積極的な子なんているんでしょうか。誰しも得意不得意がありますす。授業で手を上げられない場合だってあると思います。**オールマイティを目指すの**

ではなく、一つでもその子に輝けるものがあれば、そこに十分な光を当ててほしい。**その子が一生懸命やっているなら、その姿勢をほめてあげてほしい。**そうすれば、それが小さな自信となって、子供は変わっていきます。10代になった子供たちを見ていると、「自分はこれを頑張ってきた」「一生懸命やったことを親が認めてくれた」という実感は、彼らの大きな自信になっています。

とはいえ、誰しも緊張して足がすくむような場面があります。オーディション前の子供たちに聞くと、みんながみんな緊張していると言います。私たちが、その子たちに言うことは一つ。「緊張はとれないよ。でも、大きな声を出せば、緊張しているようには見えないから。緊張しないように、なんて考えなくていいんだから」と。

結局、**子供にプラスになるのは、そういう現実的なアドバイスだけ。**小さい声になりがちな子なら、「もっと大きい声を出したほうが、相手に思いが伝わるよ」と言えば、自分がどう動けばいいかがわかる。失敗を恐れているようだったら、「失敗してもいいんだよ」とトライする素晴らしさを教えてあげる。怖がっていたら、最初は一緒にやってみてもいいかもしれません。その小さな一歩に自信が持てるよう、日頃からわが子の奮闘を見つめて、特別なとき以外も声に出して認めてあげてください。

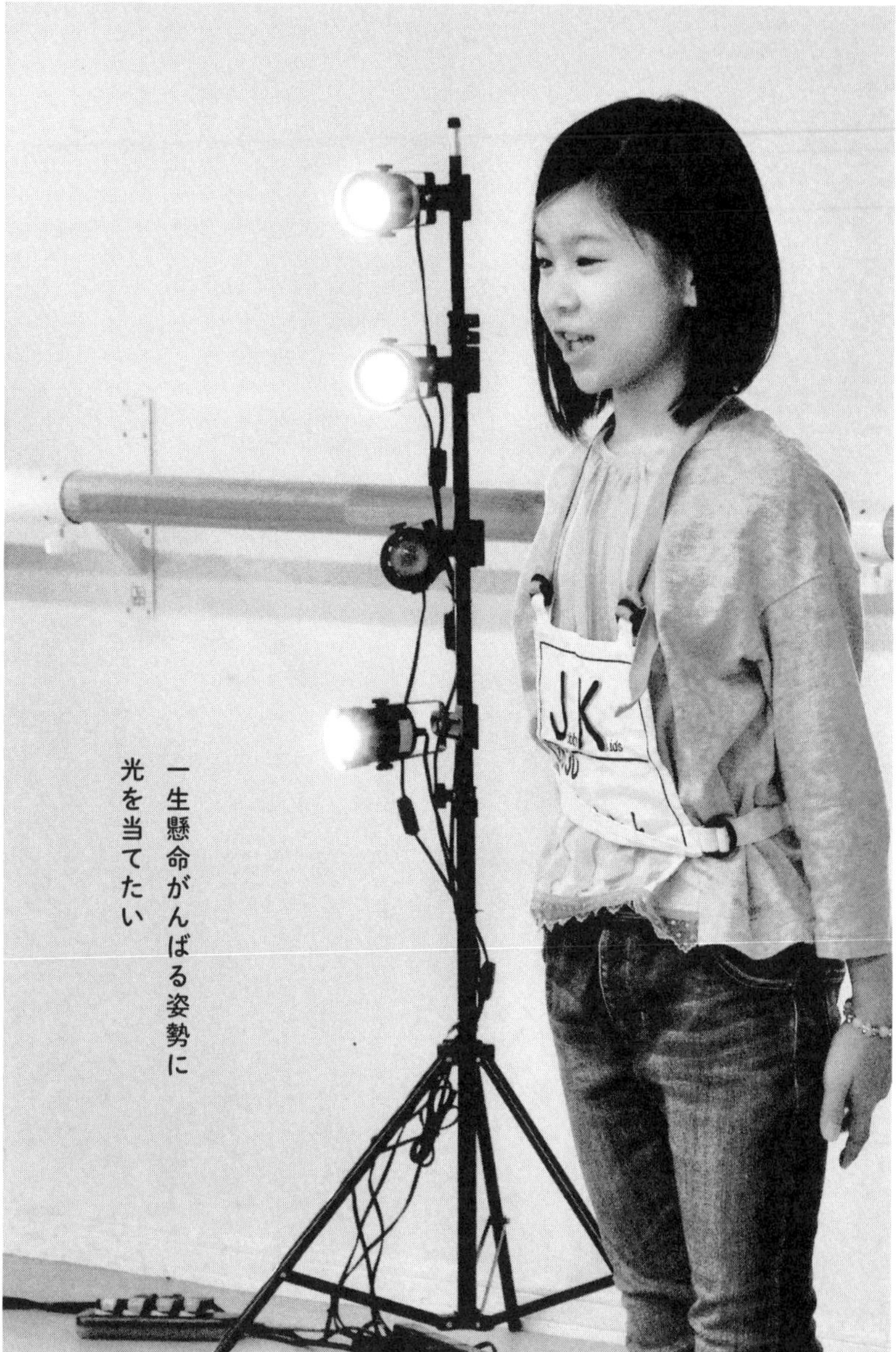

一生懸命がんばる姿勢に
光を当てたい

すぐに手を貸さないことも
愛情です。

第2章

わが子の自信を育てる

親というのは、わが子に早く成長してほしいと願う一方で、いつまでもわが子が小さな子供のままでいると思いがちです。

私たちは、所属する子供たちに、オーディションが終わったら必ず自分でプロダクションに電話報告をするようにと言っています。5歳以上の子供は全員です。その電話でのやりとりが自分の言葉で話すための訓練になるからで、「絶対に、親が何かを言わせたりしないでくださいね」と伝えています。それでも小さい子供たちの場合、後ろのほうから「楽しかったと言いなさい」「ありがとうって言いなさい」という親御さんの声が聞こえてきます。

これはもう、私たちも苦笑してしまう親の〝心配ぐせ〟のようなもの。**どんなにつたない言葉でもいいから自分の言葉で話すことが大切**なのですが、親御さんはつい、わが子に近道を教えてしまいます。すると、子供は親に言われた通りのことを口にし、自分が発しようとした言葉が正しいのかどうかもわからないまま電話を切ることになります。

責任を持って子育てするということは、とても大変なこと。その成長過程にはいろいろと親が手を貸さなければいけない場面がありますが、時には貸さないほうがその子のためになる場面だってあります。**その子がその年齢で感じなきゃいけないこと、体験しなきゃいけないことを、親の安易な手助けで飛ばしてほしくありませんし、手を貸すことでマイナスになる場合があることを知ってほしい**と思います。

ある時、親御さんたちにこんな提案をしたことがあります。

「一度、その〝心配ぐせ〟を、半日でいいから我慢して、お子さんと一緒にお料理でもしてみてはどうですか？　食材を切るときも、包丁の安全な使い方を教えたら、あとは何も言わずに見守ってみたら？」

後日、実際にお料理をしたという親御さんがこんなふうに話していました。

「見ているだけでハラハラしましたが、子供って、私が思っているよりしっかりしてるというか、意外とわかってるんですね」

親はわが子を心配するあまりハラハラし、さらにはイライラしがちです。わが子が誰かに話しかけられてもすぐに答えられないとき、周りの子と同じペースで物事ができないとき……いろんなケースがありますが、**イライラしたまま手を貸しても負の感情を子供に植えつけるだけで何もいいことはありません。**毎日が忙しい親御さんたちにとって、〝待つ〟という時間はとても贅沢なものでしょう。でも、それが自分の力で考え、答えを出すための時間。人は自分の力でやったことにしか喜びは感じないもの。その喜びに勝るものはありません。時間がないのなら、パーフェクトにできなくても、その時間でできたところに目を向けてみてください。**自力でできた自信がやがて意欲に変わり、次へ進むきっかけづくりになります。**

子供の何倍も生きている親は、人生経験が豊富なぶん、物事の近道を知っています。一方、知識も少なく経験の浅い子供たちは、何事も直線距離で進むことはできずに回り道をします。でも、それが当たり前。自分でもがき、調べ、考え、答えを出すという行為のなかに喜びがあり、学びがあるものです。その喜びを味わわせてあげたいなら、手を貸さないのも愛情。何かを聞かれても、すぐに答えをあげるのではなく、「自分で調べてごらん」と促してみてください。ただ調べさせるだけでなく、その経過に興味を示し、時には「すごいね」と言ってコミュニケーションをとっていくと、子供の探究心がどんどん育っていきます。その時に〝**考える力**〟こそ、**子供にとってかけがえのない財産**。将来、必ず役に立つはずです。

いつまでも子供扱い
していませんか？
子供は親の所有物では
ありません。

第2章
わが子の自信を育てる

私たちは、子供が3歳でも20歳でも接し方を変えません。つねに認め合い、尊重し合える関係を目指しています。私たちのほうが子供たちより長く生きていますので、人生においてアドバイスできることは言いますが、芝居のレッスンでも、「ここはどう考えた？」「ここはどう動きたい？」と子供たちそれぞれの意見や考えを、できるだけ大切にしています。

ただ、子供たちの考えがすべてではないと思うので、こちらに別の考えがあれば「それもいいと思うけど、こういうふうにもやってみて」と案を出し、やってもらってから「気持ちの動きはどうだった？」と聞いたりします。個人個人の意見や考えを否定するのではなく、違う角度から意見を言うのです。すると、自己主張の強い子も、ふっと耳を傾けてくれます。自分の努力を認めてもらっている自覚があるからでしょうか。一人前に接してもらっているから自分も真剣に返さなくては、と考えるのかもしれません。「思っているより違和感がない」とか「こっちのほうがやりやすい」などと、4、5歳でも当たり前に返してきます。

ただ、**親がわが子の代弁ばかりしていると、子供は自分の意見を言わなくなり、親の目をつねに意識して、なかなか自分を出してくれません。**これは大きくなった子供でも例外ではありません。

2泊3日の宿泊がともなう合宿に声を掛けたら、親のほうが「お泊まりなんて絶対に無理です」と言うケースもありました。その子に聞くと全然大丈夫だったりするんですが、できないと決めつけていたようでした。

親は毎日子供に接しているので、その成長に気づきにくい側面があるのかもしれません。私たちはその成長ぶりを感じてほしくて、3カ月に一度だけ親が見学できる親子レッスンを行っているのですが、それでも、ひと回り成長した子にいつまでも子供扱いしているところを見かけます。

親はもしかしたら、子供を自分の所有物にするところがあって、真っ直ぐに向き合うことが少ないのかもしれませんね。しっかりわが子と話をする親も少ない気がします。親は子供のことを一番知っているのは自分だと思っているかもしれませんが、それは赤ちゃんだった時のことだけ。成長していくなかで彼らもいろんな場面で人と接し、人間関係を築いてきているので、知らないことも出てきているはずなんです。家では親が求める子供っぽい自分でいることもあるので、そういうふうに見えてしまうのも仕方ないかもしれませんが、思春期くらいから心の距離を程よく保つのが難しくなってきます。子供が親を鬱陶しく感じ始めるのもこの頃です。

親にとって、子供はいつまでも子供かもしれませんが、いつまでも自分の思い通りになんていきません。いつまでも井の中の蛙でいては、将来が心配です。

子供はつねに成長していますし、自分の世界が広がっています。そのことを知るためにも、折に触れ、わが子の話に耳を傾けてみてください。きっと、親子の関係も少しずつ変化していくでしょう。それがたとえ見当違いの意見だったとしても、頭ごなしに否定せず、子供なりの考えと受け止め、認めてあげれば、それもまた子供にとって小さな自信になります。そのうえで**親御さんは人生の先輩として、前向きな意見やアドバイスをし、真っ直ぐに導いてほしい**のです。

親御さんが子供の頃に感じた気持ちを思い出してください。なぜ、親は自分のことを認めてくれないんだと悔しく感じたことはありませんか。その頃の自分に問いかければ、今まで見えにくかった子供の気持ちにきっと近づけると思います。

小さな自信が
次へ進むきっかけに——

Jobbykids story

東日本大震災のあと、東北の子供たちに教えてもらったこと

未曾有の大震災、東日本大震災が発生したのは、２０１１（平成23）年3月11日――。

ジョビィキッズのレッスン場は東北にもあります。私たちはいてもたってもいられず、すぐに連絡を取ろうとしましたが、電話はなかなか通じませんでした。そして、1週間かかり、あらゆる手段を使って、全員の無事を確認しました。

私たちは、すぐに東北に飛んでいきたかった。けれど、新幹線が止まっていたり、さまざまな事情が重なって、東北の子供たちに会えたのは3カ月を経てからでした。

「家にはお母さんもお父さんもいなかったの。一人で避難所まで歩いていったんだ」と、話してくれる8、9歳の子供たちがたくさんいました。

実は私たちは、ご家族に聞きたいことがありました。こんなに大変なときにレッスンを続けることはとても贅沢なこと。生活を優先することが第一の状況で抵抗があり

ましたし、もう少し待たなければならないのではないか、続けられない人がいても当然ではないかといろいろ悩みました。

緊張の面持ちで集まった子供たち、親御さんたちに私たちは正直に話をしました。すると、子供たちが言ったのです。「続けたい。今やっていることで人の役に立ちたい。みんなに喜んでもらいたい」と。

私たちは言葉が出ませんでした。自分の考えをしっかりと持って、「自分が楽しくてやりたいことで、人の役に立ちたい」というのですから。大震災の大変な苦労が、子供たちを強く、そして優しくしていたのです。私たちは、この子たちのために何ができるのか真剣に考えました。

この年でした。当時7歳だった芦田愛菜が鈴木福くんと歌い踊った「マル・マル・モリ・モリ!」が大ヒットしたのは。大晦日の「第62回NHK紅白歌合戦」に愛菜と福くんが初出演となりました。そして、このステージにともに立ったのは、ジョビィキッズの東北の子供たち50人でした。彼らには東京で2日間のレッスンをしてもらったのですが、いよいよ本番がはじまるその時です。

「先生、今日は雲の上にいるように嬉しい。僕たち、このメンバーでテレビに出れるのは、最後になるかもしれないけれど、悔いなく頑張るよ。一生懸命やってくるよ」と言って、ステージに向かっていきました。

この子たちはかつてない壮絶な苦しさを乗り越えて、今、強く前進しようとしている。子供たちのなんと頼もしいことか。私たちは苦難の只中にいる彼らから、深い感動とパワーをもらうことができたのです。感謝の気持ちが込み上げてきました。

突然のアクシデントを乗り越える力

この夜の「紅白歌合戦」では、もう一つ忘れられない〝事件〟が起きました。芦田愛菜がミッキーマウスと手をつないで階段から駆けおりるシーンがあったのですが、その時、愛菜は足を滑らせてしまいました。私たちはその瞬間ハッとし、ステージの袖まで駆けつけようとしたのですが、彼女は、何事もなかったように、すっと立って、そのまま笑顔で「マル・マル・モリ・モリ!」を歌いはじめました。

歌い終わったわずかなひととき、ステージの袖に下がってきた彼女は、「痛かった」と小さな声で泣きました。私たちは愛菜を抱きしめてやりたかった。でも、あえてそうしませんでした。「大丈夫。できるね。次、行かなければいけないよ」と言うと、「うん」とうなずきました。「涙を拭こうね、さあ、大丈夫」。この言葉を背に愛菜はパッと笑顔でステージに飛び出していったのです。

オーディションの会場でも、もちろん本番でも、子供たちはどんなアクシデントが起ころうとも、誰の助けも得ることはできません。自分自身でなんとかしなければならないのです。

私たちが子供たちに言えることは「最後まで悔いなくやってきなさい」と声をかけ、送り出すことだけです。その時の子供たちは、きりっとした責任感のある顔となっているのです。気迫に満ちた顔になっているのです。そして、彼らは突発的なアクシデントを乗り越えるのです。

こうした乗り越える力を備えた子供たちは、どんな挫折にも困難にも、必ず立ち向かっていけるはずです。本来、子供たちはたくましいもの。私たちは子供たちの強さに出会うたびに、彼らそれぞれの無限の可能性を信じることができるのです。

第3章

わが子の素直な心を育てる

聞く耳を持たせるには
コツがあります。
注意するときは
ピンポイントで！

第3章
わが子の素直な心を育てる

ほめ方・叱り方には、大人が子供とどう向き合っているかがはっきり表れる気がします。ジョビィキッズでは、うわっつらのほめ言葉を言うのは絶対にNG。子供は動物的な勘が鋭いので、それが心からの言葉かどうかをすぐに見抜き、かえって子供のやる気に水を差します。

私たちは、ほめるときも叱るときも、真剣です。**その子のことを知り、本当に一生懸命やっているかどうかを見極めて、いま言うべきことを、より伝わる言い方で届けたいと考えています。**

例えば、「間違ってるよ」「どうして今日はできないの？」などと、最初から否定するような言い方はしません。まずはその子がこちらを向く必要があるからです。

まず最初は、その子を見て良いところを認めます。

すると、子供の〝聞く耳〟が開くんです。その耳に向かって、本題である、「○○○○したほうがもっと良くなる」など、注意すること、アドバイスすることなどを話すのです。すると、「うん」と本当に素直な心で応えてくれます。子供は耳が開いているので、注意やアドバイスがすっと耳に入ってくるのでしょう。

けれど、**日頃から何もほめられず、「ここだめ、あれもだめ」と言われ続けている**

と、子供の〝聞く耳〟はなかなか開きません。「どうせ、何言ったって叱るんでしょ？」「自分にはいいところがないのかな？」と思ってしまう。それでは、いいコミュニケーションがとれませんし、子供が自信をなくしてしまいます。

そうならないためにも、普段から子供のいいところを見つけて口に出してみましょう。**ちょっといいところを見つけたら、ほめる。ほめられると、親が自分を認めてくれているという安心感が出るせいか、いけないところを叱ったときも、子供たちは素直に聞くものです。**

それから、**私たちが心がけていることは、その行為だけを叱ること。今、これだけは注意しておくべきことを伝えたら、ほかのことには触れません。**つい、「あの時もあなたはこうだった、ああだった」「だからあなたはだめなのよ」と、以前のことまで引っ張り出して言ってしまいがちですが、それが子供にとっては混乱のもと。注意をしたら、それでおしまい。そのほうが子供は、自分がなんで叱られたかが明確になるようです。

レッスン場でも、年齢の小さな子は、2つのことを同時に言うと、両方を同時に守ることがなかなかできません。たとえば、「お友達が何かをしているときは、周りの子供たちはお話をやめて。歩き回らないでね」と言ったとします。

言っている私たちは、話さない、歩き回らない、とたくさんのことを子供たちに伝えると、楽になれるような気がします。しかし、小さな子供が2つのことを同時に守ることはなかなか困難です。せいぜい守れても、30秒間ぐらいでしょうか？　30秒たてばごそごそ動き出し、やがてボソボソとしゃべりだします。気がついたら、子供たちは活発に動き出し、我慢できずに大きな声を出して遊び始めます。

私は、小さな子供たちには、最初はこう言います。「動いてもいいよ！　だけど絶対にお話はダメだよ」と。子供たちにまずひとつ自由（やってもいいこと）を伝え、次に不自由（やってはいけないこと）を伝えるのです。すると、子供たちは歩き回りますが、話をすることはやめようと注意するのです。動いている子供たちは多くいますが、ほとんどの子供たちがおしゃべりはしません。

「しーっ！」っと、子供たち同士が注意し合ったりしています。それは、ひとつの自由を守るために、もうひとつの不自由さも守ろうとするのです。

想像してみてください。たくさんの子供たちが動いていますが、誰ひとり話していないので、その場所は、たくさんの子供たちがいてもたいへん静かです（笑）。**まず**

はひとつずつ、約束を守らせるのです。自分のやりたいことをやるためには、守らなければならない約束があることを知るのです。小さなうちから少しずつ、子供たちはルールを知っていくのです。

やがて大きくなった子供たちは、好きなこと、やりたいことをやるためには、何をしなくてはいけないのか、何を頑張らなければいけないのかを知っていくのです。

まずは一つの約束から——

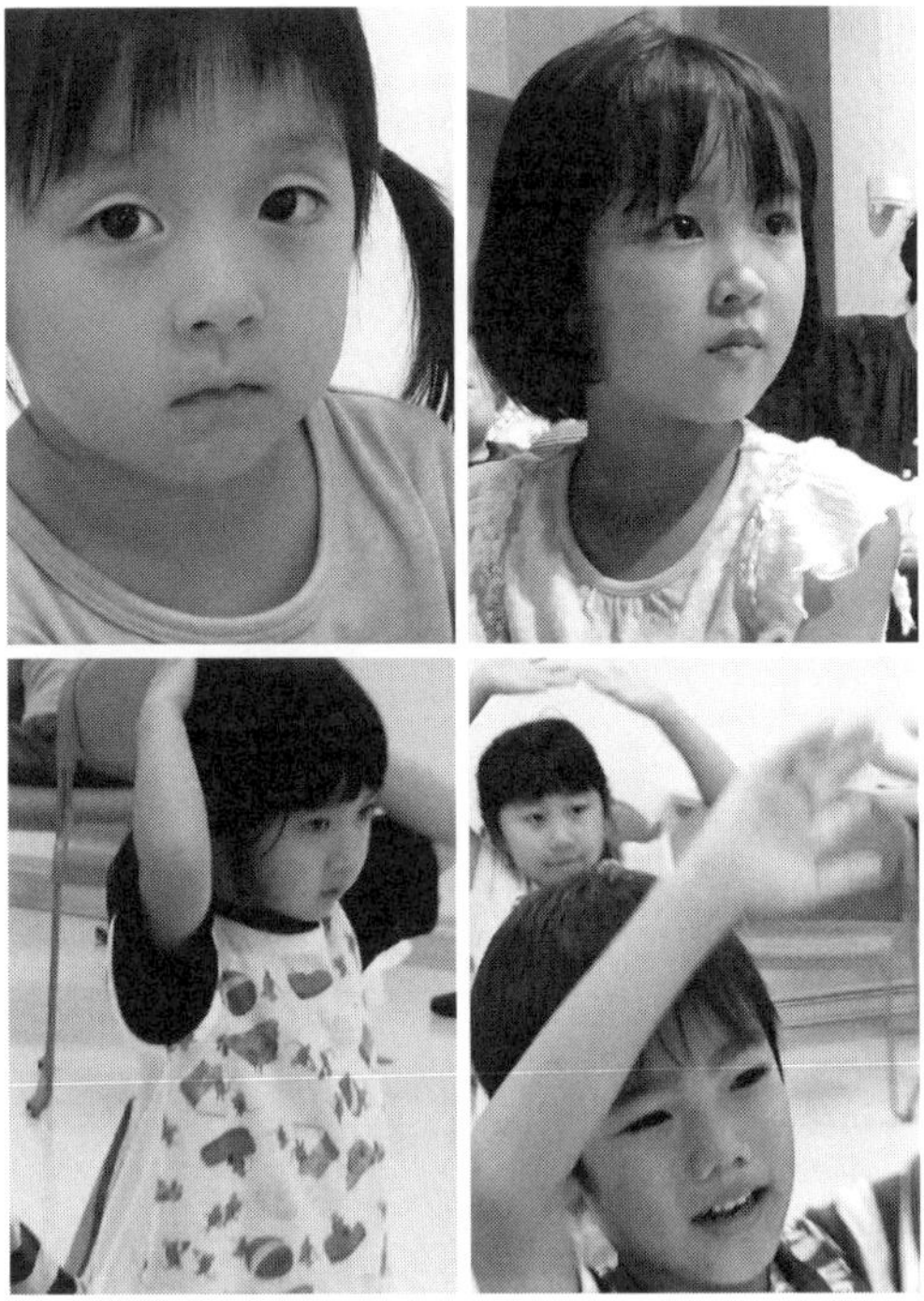

反抗的な態度をとるのは
自立するまでの通過点。
親もここが正念場！

第3章

わが子の素直な心を育てる

「言葉遣いが反抗的」「口答えにカチンとしてしまう」など、子供の反抗的な態度は親の悩みの種であり、「今から反抗期が心配」と不安を口にする親御さんもいます。

子供は友達関係などの悩み事があっても、なかなか親には話さないもの。「お母さんに話しても心配をかけるだけ。僕がうまくやるよ」と、小学4年でしっかりとした思いを持っている子もいましたし、そんな時に、親が「ぐずぐずせずに早く宿題をしなさい」などとしつこく言うと、子供はとても反抗的な態度をとるようです。

子供は成長してくると、少しずつ親から離れて、一人の人間として考え、だんだん意見も言うようになります。それが親と対立することもあると思いますが、それは自立するための大事なプロセス。そういう時は、「反抗期だから」と嘆くのではなく、わが子の意見にも耳を傾けてください。子供はやがて一人立ちしていくのです。

この時期の子供は、答えがわからなかったり、やりたいことがままならなくて、イライラすることもあるはずです。ひょっとするとただのわがままかもしれませんし、親はわが子の様子を見て、見極めないといけません。

なかには、わが子をいつまでも子供扱いして、何にでも口出しする親御さんがいますが、ある程度、子供に判断を委ね、時には頼るくらいの気持ちでいたほうが、子供はのびのびと育っていくはずです。よく冗談混じりで「このまま成長しないでほしい」などと言う親御さんがいますが、それで困るのはお子さんです。親の声かけに反発しだしたら、ガッツポーズするくらいの心構えでいればいいのです。

ただ、こういった成長期特有の反抗は、度を越してくると親も手に負えなくなる場合があります。ジョビィキッズでも親御さんから相談を受けることがありますが、たいてい腫れ物に触るように親のほうが引いてしまっていることが多いようです。それにはいろんな家庭の事情があるようですが、でも、こういう時こそ、本気でぶつかってほしいと思います。負けちゃいけません。**ここが正念場と思って、諦めず、ほったらかしにせず、言うべきことは言い、言っただけじゃなくて、ちゃんと話を聞いてあげてください。**

子供は親の弱気な態度に接すると、余計に増長します。反抗的な態度を見せはじめた頃が肝心です。放っておくと、子供はやがて聞く耳を持たなくなります。

子供は親の愛情は必ず欲しいものなんです。あの時もこの時も、自分のことを大事に思ってくれなかったと、そんな思いがさらなる反抗につながることだってあります。

第3章
わが子の素直な心を育てる

わが子がどんな状態だったとしても、言うべきことは言い、後からでも「頑張ってるね」とか「いいぞ」と声をかけておけば、子供の耳にはしっかり入っているものです。

本当は親より距離の離れた他人がそばにいると、耳を傾けたり、はけ口になってくれたりするのでしょうけれど、なかなかそういう人もいない時代です。怒るのはとても体力のいることですが、腹を据えるしかありません。いつか必ず抜け出せます。踏ん張ってください。

とにかく、反抗期の対処法はいろんなケースがあるため、なかなか一口では言いにくいのですが、親御さんに一つアドバイスできるとしたら、**反抗期がくる前に、家庭のルールをしっかり作っておくこと**をお勧めします。ルールがないとグダグダになりやすいのが家族。でも、ルールがあれば揺らがないでいられます。例えば「携帯電話は小学校を卒業してから」「門限は8時」「外泊は15歳から」などと家族で決めておき、そのルールさえ守っていれば細かいことは言わないこと。

「なんでうちはダメなの？」と言われても、**自立して家を出るまでは絶対に守ってもらう**。そんな態度でいれば、ルールを守ることがどういうことかも、体の中に自然に染み込んでいくはずです。

挨拶は人間関係の入り口。
当たり前にできてほしい
コミュニケーションスキルです。

第3章

わが子の素直な心を育てる

心のない挨拶なら、しないほうがいい。

これは、私たちが子供たちに接していて、いつも思うことです。

もちろん、挨拶はしてほしいです。挨拶は最低限のコミュニケーションスキルですし、当たり前にできてほしいものです。ただ、「親に言われたから」などと、その場限りの機械的な挨拶など、まったく意味がないと思っています。

人は挨拶を通して誰かに接することで、相手に興味を持ったり、好きになったりするのではないでしょうか。そこが大事なのに、挨拶だけで終わってしまったら意味がありません。**挨拶は、人間関係の入り口だということを親御さんにも認識していただきたいと思っています。**

私たちは、レッスンの際に子供たちに自己紹介をしてもらいますが、「大きな声で挨拶してごらん」と促します。撮影現場に行ったら、子供であっても一緒にモノを作っていく仲間であり、一員です。その場にいるあらゆるポジションの関係者全員に聞こえるように挨拶をして、本番を迎えます。子供たちには、どれだけ多くのスタッフの方が出演者を支えてくださっているかを事前に見せているので、彼らにも思いを伝えようとして、自然に声が大きくなります。そういった実体験が自信になるのでしょう。現場に出れば出るほど気持ちのいい挨拶が身についていきます。

伝えるべきことは、それだけではありません。**「ありがとう」という感謝の気持ちも大事です。**これも上っ面の言葉だけでは心に響きません。例えば、台本を受け取るとき。それを作り上げた方への思い、渡してくれる方の思い、その意味がわかって初めて「ありがとう」に気持ちがこもるのだと思います。

また、レッスンでよく子供たちに言うのが、「わからないときは必ず聞きなさい」ということ。いつまでもわからないままにしておくことほど、相手の方に対して失礼なことはありません。ましてや、スタッフの多い撮影現場などで意思の疎通ができていないと、混乱を招く原因にもなってしまいます。それは日常生活でも同じようなことが言えるのではないでしょうか。

こういった基本のコミュニケーションは、人間関係を築くうえでとても大事なものなので、子供のうちから身につけてほしいと思っています。**挨拶ができる。質問ができる。受け答えができる。そういうことが子供たちの力になっていきます。**

ただ、私たちが教えられることには限りがあります。やはり、日々の生活の中で

❶お買い求めいただいた本のタイトル。

❷本書をお読みになった感想、よかったところを教えてください。

❸本書をお買い求めいただいた理由は何ですか？

●書店で見つけて　●知り合いから聞いて　●インターネットで見て
●新聞、雑誌広告を見て（新聞、雑誌名＝　　　　　　　　　　　　　）
●その他（　　　　　　　　　　　　　　　　　　　　　　　　　　　）

❹こんな本があったら絶対買うという本はどんなものでしょう？

❹最近読んでよかった本のタイトルを教えてください。

ご協力ありがとうございました。

郵便はがき

料金受取人払郵便

銀座局承認

2070

差出有効期間
平成30年10月
28日まで
※切手を貼らずに
お出しください

104-8790

627

東京都中央区銀座3-13-10

マガジンハウス
書籍編集部
愛読者係 行

ご住所	〒		
フリガナ		性別	男 ・ 女
お名前		年齢	歳
ご職業	1. 会社員(職種　　　) 2. 自営業(職種　　　) 3. 公務員(職種　　　) 4. 学生(中　高　高専　大学　専門) 5. 主婦 6. その他(　　　)		
電話		Eメールアドレス	

この度はご購読ありがとうございます。今後の出版物の参考とさせていただきますので、裏面のアンケートにお答えください。**抽選で毎月10名様に図書カード(1000円分)をお送りします。**当選の発表は発送をもって代えさせていただきます。

ご記入いただいたご住所、お名前、Eメールアドレスなどは書籍企画の参考、企画用アンケートの依頼、および商品情報の案内の目的にのみ使用するものとします。また、本書へのご感想に関しては、広告などに文面を掲載させていただく場合がございます。

しっかり挨拶ができていない子は、急に外でやろうとしても簡単にできるものではありません。

朝起きたら、お父さんお母さんへ「おはよう」、寝る前には「おやすみなさい」と言うのは当たり前ですが、近頃は、そんな簡単な挨拶さえしない家庭もあるようです。「おはよう」という言葉を毎朝かわしていれば、わが子の体調が悪いことも、元気がないことも、自然にわかるようになります。**声をかけるというのは、子供にとっても親にとってもとても大切な行為だと思いますので、親御さんにはもっと敏感になってもらいたいと日々感じています。**

家で挨拶ができていない子は、当然、外でも挨拶ができません。挨拶さえできていれば、そこから広がる世界がぐんと増えるのです。まずは、日頃の声かけから始めましょう。

わが子の未来を見すえて
本気で叱れば、
必ず伝わることがあります。

第3章

わが子の素直な心を育てる

私たちはいつも本気で子供たちに接していますが、叱るときも本気モード全開。ただし、決して感情的になって怒ったり叱ったりするわけではありません。

その子に何を言えば、胸にしみるだろうか。自分は間違っていた、甘かった、と自覚してくれるだろうかと、できる限り冷静に考えます。こちらが**大きな声を出しただけで、その子の胸に届かなければ、叱った意味はなくなってしまいます。**当然、その子は反省しません。つねにこの点は強く意識しています。

しっかりとその子を見つめて、その子の将来のためを考えて、その子に合った叱り方をしたいと思っています。

ある撮影現場でこんなことがありました。

中学3年の男の子が撮影中にもかかわらず、スタッフの方に「何時に終わりますか」などと心ここにあらずの様子で、現場を離れたようです。彼は、この日サッカーの試合があり、中学最後ということで試合にも出たかったと言うんです。そんな気持ちもわかりましたが、私たちは彼をすぐに撮影現場に戻しました。

そもそもこの撮影は、参加条件として後からNGが出せないものでした。学業は大切なので、親としっかり相談して決めてほしいと事前に伝えていたのです。彼はこの仕事を断ることもできました。ただ、彼はしっかりと選択をしなかったのです。結果的に撮影現場でのチームワークを乱し、サッカーの試合にも参加することもできませんでした。どちらも彼を必要としている大切な場所だからこそ、責任を持ってほしかったのです。

私たちは、今、ここで、厳しく叱咤しなければ、彼のこれからの人生に、きっとプラスにはならないと思いました。大げさな表現かもしれませんが、叱ることは人生の軌道修正となり得ると思っているので、しっかりと伝えました。彼は、最後に「無責任なことをしそうになった」と涙を流していました。

子供たちには、2つ、3つと、いろんなことに挑戦している子が多くいます。どちらも頑張りたい気持ちは素敵ですし、応援したいと思います。ただ、その時々でどちらを優先するか決断しなくてはならない場合があります。愛菜もそうでしたが、学業と仕事、どちらも頑張りたいと本気で悩みました。2つのことをやるのは過酷なことですが、仕事をセーブしながら受験勉強に打ち込みました。

2つのことを成し遂げることは、簡単に見えて、本当に難しいことです。我慢しな

くてはならないことも出てきます。中途半端な考えでは、うまくいくものもうまくいかなくなってしまいます。親はどうしても感情的にわが子を見てしまいがちですが、将来を冷静に見据えて考えれば、きっと正しい答えが導き出せると思います。

思いやりの心を育てる
想像力を養いましょう。

第3章

わが子の素直な心を育てる

わが子に望んでいることを親御さんたちに聞くと、「思いやりのある子になってほしい」という答えが多く返ってきます。相手の立場で物事を考えて、行動できる子。そんな子を見かけると、親御さんじゃなくても誇らしい気持ちになります。

私たちはレッスンの中で、たくさんのシチュエーションを子供たちに演じてもらいます。「学校で孤独を感じている」「お父さんとお母さんが離婚して淋しい思いをしている」「お母さんが死んでしまう」、はたまた「自分が病気で死んでしまう」とか「好きな女の子を守る男の子」「告白してフラれる」なんていうのも……。相手どころか、こういった様々な役の気持ちやその周りの人間関係も、子供たちは一生懸命想像して芝居をします。

いじめっこ役やいじめられる役にも当然、チャレンジします。その苦しさやつらさを体感することで、思いやる気持ちが芽生えてくるのです。親御さんのなかには「トラウマになるんじゃないですか」と不安に思う方もいますが、20年レッスンを続けていて、トラウマになった子は一人もいません。むしろ、レッスン後には「苦しかっただろうね」「私は幸せかもしれない」と、自分に置き換えて気持ちを推し量れるようになっています。

私たちは、レッスン以外でも様々な提案をしています。

親御さんたちには、**「自分が共感した本、心揺さぶられた本を一緒に読んでください」「自分が若い頃に感動した映画を一緒に観てください」**と話します。新しい世界に触れるきっかけになりますし、一緒に同じものを読んだり観たりしても、感じるところが違ったり、親はわが子の意外な感想にたじろいだり、子供はお父さんお母さんの意外な一面に触れたりしてして、自然にコミュニケーションが生まれるのも良いところだと思っています。

私たちが一番に勧めるのは、ヴィクトル・ユゴーの『レ・ミセラブル』(小さい子供たちには、同じ内容で少しわかりやすく書いてある児童書版の『ああ無情』)です。これは、私も子供のときに親と読んで、今でも覚えているほど影響を与えてくれた一冊だから、子供たちにもぜひ読んでほしいと思っているのです。少女コゼットのお母さんが、自分のために歯を抜いて、髪の毛を切って、やがて死んでいくというストーリーは、切なすぎて、夜眠れなくなるほどでした。他にも「モノを盗んだら、こんなに怖い思いをするんだ」とか「牧師さんのやさしさ」とか「嘘をついたらどうなるのか」など、いろんなことが味わえました。

子供は繊細です。感受性も鋭く、親が世間の負の側面を見せないようにしていることもあると思います。でも、**私たちが知っている子供たちには、ちゃんと自分の目で見て、自分で考える力が育っています。**

映画でも、親御さんは、自分の子にはまだ早いんじゃないか、理解できないんじゃないかといって、難しそうなものだったり、洋画などの長いものを与えない傾向がありますが、早いなんてことは全然ない。私たちは知的障害を持つ父親を主人公にした映画『I am Sam／アイ・アム・サム』もよく勧めますが、たいていの子はギブアップしないで観ていられるようです。細かなニュアンスまではわからなくても、感想を聞くと、ちゃんとした答えが返ってくる。「意外だった」と親御さんからの声もたくさん聞きました。

世の中には体験できないことがたくさんありますが、少しでも境遇の違う人のことを理解することができれば、そのぶん共感する力、思いやりの心は育ちます。何かに触れたり見たりしたときに、実生活でも「あなたが逆の立場だったら、どう思う？」と問いかけてみてください。人が生きていくうえで相手を思いやる気持ちはとても大切なこと。さまざまな場面で子供の想像力を膨らませる言葉をかけてください。

自分の目で見て
自分で考える力を！

Jobbykids story

トライ、スマイル！ともに前に進むエネルギーを！

「人生には解決方法はない。ただ、進んでいくエネルギーがあるばかりだ。そういうエネルギーをつくりださなければならない。解決はそのあとでくる」

『星の王子さま』の作者サン＝テグジュペリはこんな名言を記しています。

私たちジョビィキッズでは、いろいろな個性を持った子供たちがレッスンに励んでいますが、その大きな目的は、彼らがそれぞれの個性を存分に生かし、社会で活躍できる大人へと成長することです。

けれど、思いもかけぬ苦難に遭遇し、心が折れそうになることが起こるのも人生の掟《おきて》。そう、そんなとき、テグジュペリが書き残したように、ただひたすら前に進むエネルギー、前に進む自らの力が、なによりの解決策を生み、豊かな人生を紡ぎ出す鍵となるのです。

その土台作りの過程にあって、一生懸命努力している子供たちには、わが子と向き合う親御さんの真剣な愛が必要です。そこで、私たちジョビィキッズでは、親御さんとも密なコミュニケーションを図っています。

たとえば、オーディションや本番などで人前に出て、なにかをすることはとても大変なこと。しかもつねに他の子供たちと比べられるのですから、大きなプレッシャーに押しつぶされそうになることも多々あります。こんなとき、「恥ずかしがるな」「怖がるな」「しっかりやりなさい」と親が言うのは簡単ですが、これだけではなんの解決策にもなりません。

私たちは親御さんを対象にした「親レッスン」を開くことがあります。子供たちがどんなふうにレッスンに向き合い、真剣に頑張っているかを体験してもらうのが目的なのですが、そこでは芝居のなかで泣いたり笑ったり、時には変顔など、どんなことも本気でやってもらいます。

人前で何かをやるのは、決して簡単なことではありません。でも、自分と戦って、恥ずかしい気持ちを乗り越えると、だんだん楽しくなってくるのです。その過程を知ると、親御さんたちは、「子供の気持ちがわかった」と口々に言ってくれます。きっと、子供たちに対するアドバイスも変わってくるでしょう。ご自身もこの体験を通じて、「かつて夢に抱いたワクワク感を思い出した」「自分は役者ではないけれど、下手でも本気で子供の芝居の相手役をやって、子供の力になりたいと思った」と明るい笑顔を見せてくれます。

前に進むエネルギーを身につける子供たち

子供たちは、たくさんのレッスンを通じて、さらに一生懸命を重ね、いくつものワクワク感を積み上げていきます。やがて、子供たちは無心になります。そして、ある瞬間、計算もテクニックも忘れた演技者、表現者になりえるのです。

その一生懸命の成果は、別の世界でも必ず開花します。子供たちは「前に進むエネルギー」という最強の「人生の解決策」を身につけているのですから。

私たちもまた、子供たちとその親御さんから、懸命に生きる素晴らしさを教えていただきました。私たちはこの想いに抱かれながら、現在の仕事にすべての情熱を注げることを幸せに感じます。

第4章

わが子の折れない心を育てる

失敗は怖くありません。
むしろ、失敗に執着することが
怖いのです。

第4章
わが子の折れない心を育てる

可愛いわが子が失敗して落ち込む姿を、親は見たくないものです。できることなら失敗せずに、世の中を渡っていってほしい。そう願って、なるべく平らな道を歩かせたいと思うのは、ある意味、親心かもしれません。

けれど、幼児期が過ぎればやがて社会生活が始まり、子供は学校や塾での競争や人間関係の中に身を置くことになります。そしていずれ社会に出たら、生きていくなかでさまざまな失敗を繰り返し、何度も挫折感を味わうことでしょう。

子供たちのやることには、うまくいくこともありますが、そうでないことが大半です。でも、それでいいのです。失敗することは決して悪いことじゃない。何かに挑戦したからこそ失敗があるわけで、失敗を恐れて何もしなければ進歩もありません。失敗はあくまで通過点。成功に、そして成し遂げたいことにつながる一歩なのです。

受験やオーディションなど明確に合否のわかれるものは、不合格と知ると、そこに留《とど》まっていつまでも悔しがっている人がいますが、長い目で見れば不合格だって意味のあること。長い人生においては通過点でしかないのです。むしろ、親が「ダメだったから失敗」という固定観念を子供の脳に刷り込んでしまうことのほうが、はるかに危険な気がします。

「失敗はしてはいけないもの」「失敗は怖いもの」というイメージを抱いた子供は、失敗したくないから、自分が苦手なことやできないことはやらないようになります。**失敗を恐れる気持ちが子供を不自由にしますし、さまざまな可能性を狭めていってしまいます。**

親御さんに目を向けていただきたいのは、一度目の挑戦ですんなりいかなかったことで生まれる努力の精神や創意工夫のほう。失敗なんて本当にどうでもいいんです。そこで立ち止まらず、次に何をすべきか自分で考え、行動を起こすことが子供たちにとって何よりも大事なスキル。それさえ持っていれば、子供はどんどん前に進んでいきます。

目標に向かって頑張っているジョビィキッズの子供たちも、オーディションで不合格をもらうのは日常茶飯事です。不合格と知って、泣きながら電話をかけてきた子に、私たちは「精いっぱいやった？」と聞きます。子供が「うん」と答えたら、「じゃあ、もっと頑張った子がいるんだね。次、行こう！　泣いている時間なんてないよ」「もっとできるんだよ、きっと」と叱咤激励します。

そこで終わる子ではないと信じているし、もっとできる、もっと伸びると思って、努力を促します。何が足りなかったのかを知るために、〝なぜ落ちたと思うか〟を聞いて、そこを改善するための

当然、厳しいことも伝えますが、努力すればもう一段階上にいけることを、ここでしっかり学んでほしいと思っています。

近頃の子供たちは失敗を恐れるあまり、挑戦をしたがりません。でも、私たちは「たくさん失敗していいんだよ」「うまくやろうとしなくていいんだよ」「一番いけないことは、やらないことだよ」と言って、チャレンジすることを第一にしています。

わが子の将来を考えるなら、「なんで失敗したの？」「うまくやりなさい」などと言わず、「失敗しても思い切りやりなさい」「失敗してもいいから、全力でやりなさい」と声をかけてあげてください。

失敗を糧にして〝しなる子〟は大きく成長し、親や身近な大人が発する心からの言葉は、子供の背中を大きく押します。

「継続は力なり」は本当です。

第4章
わが子の折れない心を育てる

ジョビィキッズの子供たちの多くは、「CMに出たい」「役者になりたい」という夢を抱いてレッスンに励んでいます。でも、ここに来る子たちのみんながみんな、役者になりたい子供ばかりではありません。

親御さんの中には、「内気な部分を変えたい」「前向きにさせたい」「自分のことを自分の言葉で伝えられるようになってほしい」と入ってこられる方も多いのです。そして、やがてほとんどの子が、芝居や歌、ダンスなどを通し、いろいろなことにトライするようになっていきます。

ここに限らずどんな習い事もそうだと思いますが、**ある程度の期間、続けてみなければ、それがその子にどういう影響を及ぼしているか、わからないもの。**親から見ると上達が遅いように見えても、子供は自分なりのペースで前進していますし、技術の習得以上に、集団におけるコミュニケーション能力を磨いている場合もあります。

幸いにも、私たちは3歳くらいからお子さんを預かり、長きにわたり成長を見続けることができます。物心がつく頃からレッスンを始め、挫折を味わいながらも努力を重ねて成長した子たちをたくさん見てきました。

長年ジョビィキッズに所属していた子が、道を選択するときに残念ながらここを辞めていくことがあります。そんなときに必ず言うのが、「やっててよかった」という、私たちにとってはうれしい言葉です。「自分の意見を言えるようになった」とか「努力することが当たり前と思えるようになった」などさまざまですが、彼らに共通するのは、続けたことによって得たものがあるという自信なのでしょう。

なかには、こんな電話をくれる子もいます。

「私は役者という道は難しかったかもしれないけれど、自分がもっと好きだと思えることが見つかりました。それは、ここで一生懸命頑張ったからこそ気づいたこと。私は違う道に行くけれど、ここで学んだことは絶対に忘れません」

何をやっても簡単には諦めない底力がついた子供たちは、いつか必ず自分の望む花を咲かせるでしょう。

「なりたい」と思うことは「向いている」ことの第一歩ですが、なりたいことと向いていることは、必ずしもイコールではありません。

たとえば、フィギュアスケートのオリンピック選手になりたくて、スケートを習い

第4章

わが子の折れない心を育てる

始めた子供たちがいるとします。その中には、懸命な努力の結果、本当に選手になって夢をかなえる子もいるでしょう。その一方では、選手としては挫折しても、コーチとなってスケートを教えることで自分の力量を生かす人もいるはずです。

多くの大人たちがそうであるように、**好きなこと、やりたいことを選びながら、続けた先に〝今〟があります。**自分に「向いていること」がなんであるかは時間をかけなければわかりませんし、即座に答えが出るものなんて何ひとつありません。

私たちがこのジョビィキッズを始めた頃も、先が見えない日々が続きました。それでも、子供たちと本気で向き合い、ぶつかり合いつつ続けてきた結果が今につながっています。

好きなものに集中し、きっと挫折もいっぱい味わって、子供たちが長く続けたことが、将来どんな形で現れるのかはわかりません。でも、ひとつだけ確かなのは、〝**続けた経験は、必ずその子の糧《かて》になる**〟ということです。

「継続は力なり」は本当なんです。

きょうだいに不公平があっても
愛情に不公平はありません。

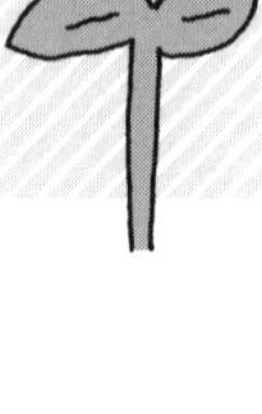

第4章

わが子の折れない心を育てる

下の子に手がかかるので、「お兄ちゃんは自分でやりなさい」などと言ってしまうことがあり、きょうだいで公平に接していないのではないか——。

親御さんにご協力いただいたアンケートには、このような「子育ての悩み」が多く寄せられていました。

私たちは、兄弟、姉妹で親の接し方に差が出てもいたしかないと思っています。初めての子を育てるのと、次の子の場合、親のおかれている状況が違うケースはよくあること。経済的な事情や社会的な変化が起きていることもあるでしょう。大きな戸惑いのなかで初めての子を育てるのと、少し余裕をもって次の子に接するのは、ごく自然のこと。

それともう一つ、子供自身の性格の違いも大きく左右します。人一倍手のかかる子もいれば、手のかからない子もいます。ですから、その子によって親の接し方が違っても構わないと思います。

世の中は決して平等なものではありません。**世の中には、理不尽なことや不公平なことがある、と体感として知ることも必要なのです。**これがわかっていないと、自分の思い通りにならないことが起きた場合、すぐに挫折し、他人や環境のせいにするようになります。他の家族と自分の家族、それぞれ環境が違うように、すべて平等ではないのです。

「私の家には○○がなかったから、○○ができなかった」など、よく人や環境のせいにする人がいますが、それは本当はすべて自分の責任なのです。どんな環境であっても、やる人はやるのです。

きょうだいの関係は、子供が経験する最初の社会生活といえます。その中で、我慢をすること、譲り合うこと、相手を敬うことを覚えながら子供たちは成長し、与えられた環境のなかでベストを尽くしていきます。

子供たちに一番身につけてほしいことは、どんな環境であってもそれを「乗り越えていく力」と「強い心」なのです。子供たちが「夢を実現させたい」「やり遂げたい」と思うならば、こうした力が不可欠となります。親御さんがわが子を「不公平に育てていないか」と悩むことはないのです。**愛情に不公平がなければ、何の問題もありません。**

挑戦を楽しむ心があれば
プレッシャーには
打ち勝てます。

映画やドラマのオーディション前になると、セリフが書かれた用紙に役の気持ちや注意点を自分なりに考えて、紙いっぱいに書き込んでくる子供たちがいます。それは前日まで努力してきた証です。

一つのオーディションには何百人もの子供たちが集まりますが、選ばれるのはたった一人。頑張ってる子供たちはなおさら受かりたい気持ちでいっぱいでしょう。その気持ちが募り、うまくやろう、間違わずにやろうと……自分自身に相当プレッシャーをかけます。それは、子供たちだけではありません。親御さんの気持ちもヒートアップしていきます。これは、わが子がお稽古の発表会や受験を控えた親御さんたちなどにも言えることかもしれませんね。

この「受かりたい」気持ちにしばられると、子供はガチガチになって、目の前のことに集中する以前に「受かりたい」という欲求が心の中をうめつくし、本来持っている力を出し切ることができません。当然、結果は出せなくなり、「もうこの子は才能がないのか」と親御さんの気持ちもネガティブになっていきます。この、親の子供に対する大きな期待もまたプレッシャーになっていくのです。

私たちはこの〝**プレッシャー**〟**という大きな壁を乗り越えることが、子供たちに**

とって一番大変なことだと思っています。こんな状況になったら、私たちの場合は、しっかり練習してきた子供たちにこう声を掛けます。

「自分のやることを、絶対に迷わないこと。会場に入ったら、思いっきり楽しむのみ！　楽しんでおいで」

頑張りすぎてガチガチになった子のレッスンは、できるだけ楽しく、思い切り笑える心の余裕が少しでも持てるようにメリハリをつけてやっていきます。結果を特に気にしている親御さんたちにもこう話します。

「心が感動することを一緒にやってください。映画を観るのもよし、花を見に行くのもよし。お父さんもお母さんももっと心を感動させて楽しんで。親の焦りや不安も子供たちにうつっちゃいますよ」

何事もステップアップすればするほど、目の前のプレッシャーは大きくなり、ただ単に「楽しい」だけではなく、どんどん欲が出てきます。落ちる苦しみがわかるからこそプレッシャーはますます大きくなり、親も子も気持ちががんじがらめになっていきます。こういう時は、余裕も集中力も生まれません。

愛菜とテレビドラマ『Ｍｏｔｈｅｒ』（日本テレビ系）のオーディションのセリフを練習したときの驚きは今でも忘れられません。

「カランコロンカラーン」

喫茶店にいた担任教師を見つけ、入り口から入ってくるシーンでしたが、彼女は少しいたずらっぽくドアに掛けられた鈴の音まで自分で言いながら、芝居をしていました。ただセリフを言うだけでなく、時に足をバタバタさせたり、相手役になった先生が繰り出すさまざまなセリフに、臨機応変に反応する余裕さえありました。

そこにはうまくやろうという欲は全くなく、ともに楽しんで芝居をつくっている〝仲間〟という感じでした。

当時、大阪に住んでいた彼女は、Ａ５サイズに目いっぱい書かれたオーディション用のセリフ10枚くらいを丸々覚え、覚えるだけでなく、役の在り方や気持ちを一生懸命に考え、お母さんからも、「先生、この言い方はどうすればいいでしょう？」と電話が来るくらい真剣に練習していました。

子供たちはみんなオーディションに合格したい気持ちでいっぱいだと思います。自分の遊ぶ時間をけずって一生懸命練習しているんですから。しかし、この時の愛菜はその〝欲〟よりも〝楽しむ〟ことが勝っていたのです。

プレッシャーに打ち勝つためには、人一倍の努力は当然ですが、あとは〝欲〟を忘れるくらい楽しむことに集中するしかありません。

そして、その子を信じてあげる親御さんの前向きな強さと、粘り強さが大切だと思います。たとえ苦しくても、親と子がともに目の前の壁を乗り越える状況を、本気で楽しめるかどうかが、わが子の心を強くするカギとなるのです。

たくさん努力をしたら
あとは思いっきり楽しむこと！

悔しさはあって当然。
振り切る力があれば、
ぐんと伸びます。

どんな世界でも同じですが、〝認めてもらう〟ってとても大変なことです。この芸能の世界もそう。どんなに頑張ってオーディションを受けても、合格しなければ前に出ることはないのです。1回落ちてへこたれ、2回落ちて自信をなくし、3回、4回……。「うちの子はもうだめなんじゃないか」と親御さんが考えても仕方ないと思います。わが子が頑張ってる姿を見れば、「受かってほしい」と切に願いますし、落ちたときの涙を何度も見れば、「もう、見ていられない……」と自分の心が張り裂けんばかりの思いになることでしょう。

そんな時、子供はどうなのか。もちろん、すごく受かりたいと願っているでしょうし、落ちたときはズドーンっと落ち込みます。決して頑張ってなかったわけじゃないんです。こんな時、親としてはどうしていいかわからなくなってしまいますよね。でも、じっくりわが子と話をしてみてください。**子供たちは大人が思うより打たれ強く、自分を信じようとする力が強いんです。**

あるオーディションを受けた男の子の場合ですが、セリフを全部頭に入れ、その役を自分に近づけるため、心を動かしながら何度も何度も練習し、100%の力でオーディションにのぞみました。結果がとても気になったらしく、何度も事務所に「どうでしたか」と電話をかけてきました。私たちの目から見ても彼の芝居はとても素晴らしく、胸が熱くなるほどでした。合否を伝える電話がかかってきたとき、私たちもドキドキして、その対応を固唾《かたず》をのんで見守っていたのですが――

「ごめんなさい。今回、○○くんは、外れてしまいました」

それを聞いて、私たちは悔しくて悲しくて、なぜ彼がダメだったのか聞いてみることにしました。

「芝居はとてもよかったんです。一番良かった。感動しました。でも、強いて言うなら、待っているときの会話に、もっと伸びしろを感じられる子が他にいたんです」

彼は、自分のことをしゃべれるタイプではありません。どちらかというと、話は苦手で寡黙な男の子です。待っている間も、セリフをじっと見て、役に入ろうとしていたのでしょう。私たちが彼へどう伝えようか迷っていると彼から電話がありました。

「結果は出ましたか？」

「うん。……ダメだったんだ…」

「えっ……」

彼は悔しさのあまり泣き出しました。今まで泣いたことのない彼が、電話の向こうで声をあげて泣いているのです。私たちも胸が苦しくなり、言葉が出ません。

「なんで……落ちたんですか」

ふりしぼるような声で彼は私たちに質問してきました。

「芝居は一番良かったって言ってくれてるけど、待っている間もスタッフの方はこの子はどういう子なんだろうと、つまり、長い撮影期間だから、どんなふうに成長してくれるのか、仲間としてコミュニケーションをとっていけるのか、そういうところも見ていたそうだよ」

私たちは、彼がこの仕事をするうえでこのことはとても大切なことだと思い、しっかり伝えようと思いました。苦しいけれど、またやる気をもってもらいたい。そんな思いでいると――

「先生、どうしたら……もっと自分のことをしっかり話せるようになりますか？」

彼は泣きながらも力強い声で私たちに問いかけるのです。自分に足りないところを、次回は絶対に補いたいという彼。私たちは彼のどこまでも前向きな姿勢に感銘を受けました。

「頑張ったって、どうせダメなんだ」
「はじめから決まってたことだよ」

人は、認められない悔しさにぶつかったとき、他人のせいにしたり、社会のせいにしたりすることがあります。自分を見つめ直すより、そのほうが楽なのでしょう。

しかし、わが子がそんな場面に直面したら、冷静に問題点を見てあげてください。

親御さんは、自分の子供が認められなかったり、できなかったことに対して、ついつい悲観的になり、その場を取り繕うような言葉をかけがちですが、それでは本人が問題点を考えなくなります。それでは、意味がありません。親御さんがごまかさず、しっかり前向きに、そのことをお子さんと一緒に話し合ってみてください。

これは、お子さんが前に進むためのチャンスです。たとえ親御さんのほうがくじけそうになっても、子供はもっと強く、無限の可能性があると信じてください。そして、そこにぶつかった問題点だけでなく、その子の良かった点も最初に必ず伝えてあげてください。そして、**どう改善していけばいいか、自分で答えを見つけられるよう後押ししてあげてください。**

一緒に前を向ける仲間となら
本当の友情が育めます。
そのことを子供にも
伝えましょう。

第4章
わが子の折れない心を育てる

人生においての仲間の存在はとても大きなものですが、その場限りの遊び友達ではなく、心が通い合う本当の仲間を作るって、思いのほか難しいことだと思います。

自分の考えがちゃんとしていれば、その考えに合った仲間が集まり、自分がいい加減だと、いい加減な人たちが寄ってくる。つまり、自分自身が前を向き、考える力を養うことが大切だと思います。

ジョビィキッズの子供たちも、学校での友達づくりに悩む子は多いです。

ある女の子は、最初は仲間だと思っていた友達に急に冷たくされてつらい思いをし、そのことをお母さんに相談しました。お母さんは、彼女の話を親身に、けれど客観的な姿勢で聞いて、こうアドバイスしたそうです。

「あなたのほかに、今、ひとりでいる子はいないの？　そういう子に声をかけて話してみたらいいんじゃないかな」

納得した彼女は、自分と同じようにひとりで過ごしている子たちに声をかけ、友達になっていきました。自分の考えを打ち明け、たくさんコミュニケーションをとるうちに、自分と似た考えを持つ信頼できる仲間が、1人、2人と増えていったそうです。

いつもひとりでいる子が、弱い人間とは限りません。孤独でつらい時期を過ごしながらも前を向く同士が打ち解ければ、一見マイナスに見える〝寂しさ〟と〝寂しさ〟が合わさって強い気持ちが生まれ、大きなプラスになるのです。苦しいときこそ、同じように苦しい人が一緒になって前を向くと、大きな力が生まれます。

ひとりでいる子のなかには引っ込み思案に見える子もいましたが、彼女が話しかけることによって相手も自信がついて強くなり、その子も今では、ほかの子たちからも「仲良くしてね」と言われるようになったといいます。

その子が笑顔でこの話をしてくれたとき、彼女は、自分の悩みをきちんと聞いて、客観的な目線でアドバイスをくれたお母さんに感謝していました。自分の悩みをお母さんに打ち明けたときに、もし、「本当はあなたが悪いんじゃないの？」「あなたが暗いんじゃないの？」なんて言われていたら、「もう何も言えなくなっちゃったと思うから」と。

彼女にとってお母さんは、親であると同時に、本音を打ち明け、一緒に前を向ける仲間のひとりでもあるのかもしれません。

仲間を作るというのは、人を選ぶことであると同時に、自分も人から選ばれるということです。苦楽をともにし、お互いが成長するには、どんなときも前向きな気持ちを忘れない人と一緒に歩みたいもの。**前向きな姿勢からできる仲間は、とても大切な友達です。**そんな仲間はそんなにたくさんじゃありません。むしろ、たったひとりということもあるでしょう。

そんな仲間ができたら、「もう、話さなくてもわかるよ」と言う人もいるかもしれませんが、私はそうじゃないと思います。自分の気持ちを常にきちんと話し、たとえぶつかり合っても、一緒に解決していく力を互いに養える相手ほど、心強い仲間はいないと思うからです。

お子さんが人間関係で悩んでいたら、お子さんの目線に立ち、そのことを伝えてあげてください。あるときは親自身も、子供の夢を応援する心強い仲間として接していけたら素敵ですね。

第5章

わが子の個性を育てる

子供の「ダメな部分」を
愛しましょう。

第5章

わが子の個性を育てる

神は我々を人間にするために、何らかの欠点を与える――。

こう記したのは、かのシェークスピア。そう、大人も子供も同じように〝欠点〟を持っているものです。この誰もが抱える**欠点、コンプレックスこそが、その人らしさをかたちづくる個性への架け橋。自らを成長に導く要因**だと感じています。

ところが、世の親御さんの多くは、わが子の欠点をとても気にして、〝ダメな部分〟と捉えてしまいがちです。マイペース、落ち着きがない、おしゃべり、引っ込み思案、頑固、甘えん坊、飽きっぽい、片づけができない、などなど……。

何をやるのにも時間のかかるうちの子はダメ。うるさくてやんちゃなうちの子はダメ、などと親の固定観念から、子供を叱りつけたりするのです。この視点を変えてみませんか。

レッスン場をピョンピョン走りまわる、おしゃまなやんちゃさん。それが10年前の芦田愛菜でした。おしゃべりが大好きでところ構わずしゃべり続けていた寺田心。いつもお母さんの後ろに隠れていた引っ込み思案の鈴木梨央。三人三様の〝やっかいな個性〟は、今キラキラと輝きを増しています。〝やっかいな個性〟を〝ダメな部分〟や〝欠点〟と捉えてしまっては、もうそれで終わり。とても残念なことです。

落ち着きがないのは、好奇心旺盛で元気な証拠。おしゃべりが大好きなのは、驚くほどのボキャブラリーと、自分をアピールする力を持っているから。引っ込み思案の子には、周りをじっと観察する力が秘められています。頑固な子の裏には、わけのわからないまま人の言いなりにはなりたくないという、自立心の表れが見え隠れします。自分が納得するまで、じっくりと時間をかけて、一枚の絵を描きあげる子。こうしたマイペースも大いに歓迎です。

これまで子供の欠点と思っていた〝ダメな部分〟を愛してください。とても大切な子供の可能性なのですから。そして、折にふれ、子供をほめてあげましょう。

本来、親御さんはわが子の長所をいっぱい知らなくてはいけないのです。でも、子供たちに聞いてみると、「お母さんにほめてもらったことはあまりない」という子がとても多いのです。

どうぞ、子供の気持ちに寄り添い、良いところは、少し大げさかなと思うほどほめてあげてください。「しっかり頑張っているね」と認めたうえで、「こうしたらもっと良くなる」と的確にアドバイスをしてあげましょう。**親御さんの励ましの言葉で、子供のやる気はぐっとパワーアップする**のです。

それと同時に、一生懸命やらないこと、人のせいにすること、人に迷惑をかけること。この3点だけは、「絶対にしてはいけないこと」として徹底させなければいけません。これらは、社会で生きていくうえでの大切なルールなのですから。

ダメなことは、ダメなこと。この当たり前のことを理屈抜きに子供の心に叩き込む。そのうえで、子供たちそれぞれの〝やっかいな個性〟を開花させてあげたい――。レッスンに夢中になっている子供たちの一途な姿に、私たちはいつも、この想いを強く抱いています。

子供たちそれぞれに百人百様の輝きがあるのですから。

わが子をよく見て、
いい出会いを作ってあげれば
個性は自然に磨かれていきます。

第5章
わが子の個性を育てる

小さい子供を持つ親御さんの多くが、「この子の個性を伸ばしてあげたい」と望みます。少し大きくなると、子供たち自身が「私の個性って何なのかわかりません」「もっと個性を出してPRできるといいのだけれど……」と、このつかみどころのない〝個性〟をどう表現していいか悩みだします。

〝個性〟とはいったい、どんなものなのでしょう。

私たちは、ジョビィキッズの活動を通してこれまで約2万人の子供たちと接してきましたが、個性とは本来、どの子でもすでに持っているものです。本当に一人一人に違いがあり、その**個性にはいいも悪いもなく、いま、彼らがやりたいこと、表現したいことのなかに映し出されています。**

私自身、子供の頃は、いつか大人になったら、もっと別の自分になれるのではないかと思っていたものですが、大人になっても根本的な部分は変わらないことを知りました。これからも変わることはないでしょう。昔から「三つ子の魂百まで」と言われているように、それは成長とともに変えていけるものではないのです。

ただ、何も変化がないのかというと、そうではないと思います。**人生を歩んでいくなかでは影響力のある人と出会ったり、心をふるわせるような本や映画などに巡り**

合ったりしますが、そういう経験を積み重ねることで一人一人が内に秘めている個性や生き方に磨きがかかり、その輝きが増していくのだと思います。

一方、自分がやろうとしていることに対して、頭から「ダメ」とか「間違っている」と否定されてしまうと、個性はいっきにしぼんでしまいます。

世間が思う〝いい子〟の枠に親が無理やり収めようとしても、その子らしい個性は見えにくくなってしまいます。もしかしたら、お父さんお母さんが思い描く「個性的な子供」とは、明るく元気で、きらめく才能を持っている……そんな子供なのかもしれませんが、学校や社会自体がそういうタイプの子を求め、子供も大きくなるにつれて、大人が求める言動で表面を取り繕っているうちに、子供は自分の個性がわからなくなり、どうすればいいのか迷うのでしょう。

残念ながら、いまは、子供同士でさえ周りから浮かないように、目立たないようにと、自分自身を出しにくい環境にありますし、そういった意味では個性を出しにくい世の中なのかもしれません。

親にできることがあるとすれば、**わが子をしっかり見つめて、自由な発想やユニークな考えを認めてあげること、親の勝手な正解を押しつけないこと。**そうすれば、子供は親の前だけでも自分に正直でいられると思います。

そして、もう一つ。できるだけ**わが子にいい影響を与えてくれるような出会いを用意してあげること**です。難しく考える必要はありません。学校や部活動、習い事でも、子供に響く言葉を投げてくれる人はいると思います。本を通して、憧れの人に出会う可能性もあります。ボランティア活動などを通して今まで知らなかった世界に触れることもあると思います。その子によって、どの部分がどんなふうに磨かれるのかはわかりませんが、親ができるのは、そういった機会、環境を作ってあげることではないでしょうか。

人には生まれながら持っているいい面があるはずです。そこに刺激をあげれば、個性は自然に磨かれていくと思います。

読書や映画鑑賞は
自分のことを伝える力が
育ちます。

芝居をする子供たちは、台本を読んだとき、シチュエーションをイメージし、役柄の気持ちを深く考える洞察力が求められます。私たちはレッスンを通してそういった力を引き出そうとし、本を読むこと、映画を観ることを事あるごとに勧めています。

本をたくさん読んでいる子は、本当にボキャブラリーが豊富で、何を聞いてもすぐに答えてくれます。そして作品を通して自分が感じたこと、考えたことを自分の言葉で話せるようになっていきます。

自分のことを自分の言葉で人に伝えるのは、言うのは簡単ですが、実際には難しいもの。「大人になればできる」と思う人もいるかもしれませんが、いやいやどうして。実際は、なんらかの訓練をしなければできるようにはならないと思います。

でも、読書や映画鑑賞は、子供のうちから〝楽しみながらできる訓練〟のようなものです。たくさんの作品の蓄積があれば、相手が大人でも対等に会話ができるようになりますし、感想を述べて、「自分がどんなふうに感じる人間か」を伝えることもできます。その力は当然、社会に出たあとも役立つはずです。

面白いなぁと思うのは、レッスンに通う子供たちの半数以上の親御さんが「国語の成績がすごく伸びた」とおっしゃることです。読書が習慣になると読解力が高まり、小さな子でも映画やドラマの原作本が読めるようになります。原作が面白ければ、今度はその作者に興味を持ってほかの作品も読み始めるので、おのずと長文読解が得意になるんでしょうね。その子たちが長じて京大、東大に進学したり、弁護士になっているケースも少なくありません。

子供たちは、受験の面接のときでも自分のことをしっかり伝えることができたと報告してくれます。自分の意見を言うことはレッスンやオーディションで慣れていますが、何より**読書によって身についた言葉や知識、集中力がこのような場面では大きく役立ってくれる**のでしょう。これも〝読書効果〟のひとつです。

今は中学生になった芦田愛菜も、小さい頃から本が大好きでした。物心つく前から絵本や図鑑を手に取り、小学生になる前から月60冊もの本を読んでいたというのですが、一度、合宿中に愛菜を呼んで、ものすごく難しい台本（西加奈子さん原作『円卓』）を見せたんです。ぽんと渡して「読んでごらん」と。すると、初めて手にしたにも関わらず、とても流暢《りゅうちょう》にセリフを読み、内容をしっかり把握《はあく》していたので驚いた記憶があります。普段から相当、本を読み込んでいるなと実感した瞬間でした。彼女が8歳のときの話です。

彼女が『マルモのおきて』（フジテレビ系）に出演していたときも、こんなエピソードがありました。セリフの中に絵本『ぐりとぐら』の話が出てきたのですが、それを読んで、愛菜が監督を呼ぼうとしたんです。理由を聞くと、〝は〟と〝が〟が原作と違うけれど、それでいいのかと言うんです。暗記するほど何十回も読んでいたんですね。それがたまたま出てきて、気になったのでしょう。現場で確認してもらったら、確かに間違っていました。

とにかく、愛菜が本を読んでいるときの集中力にはすごいものがあります。そういう積み重ねが、彼女の深い洞察力や豊かな表現力、自分の考えを明確に伝える発言力の土台になっているんでしょうね。それはある意味、家庭環境が育んだものだと言えましょう。

本を読んだり、映画を観たりして、お子さんの心を豊かにしてほしいとは、どの家庭にも伝えていることですが、受け取り方は千差万別です。ただ感想を聞くだけで終わってしまう家庭もあれば、一緒に映画を観て、子供と感想を述べ合うだけでなく、〝映画感想交換ノート〟を作って、子供とやりとりすることにしたという親御さんもいます。この子は、親とコミュニケーションをとるのが楽しくなって、映画を次々と観るようになったそうです。そして、そのノートがたまってくると、私たちにうれしそうに見せに来てくれます。

私たちのちょっとしたアドバイスを拾い上げ、工夫してコツコツ続けて子供の考える力を引き出す親御さんは素晴らしいと思います。

そして、絶対にやめてほしいと思うのは、子供に興味を示してほしいと思うあまりに先に説明しすぎてしまうこと。**親が先に答えを言ってしまうと、子供は興味を失ってしまうのと同時に、自分で学ぶことを忘れてしまいます。それでは、考える力が育ちません。**子供の成長を願うなら、わが子が自分の力で考え、自分の言葉を見つけるまで、じっと待つのも親の務めです。

例えば、「これはどんな本？」と聞いてきたとしても、「自分で読んでごらん」とか「読んだら、お母さんに教えて」と言ってあげましょう。

読書は子供たちに
いろんな力を与えてくれる

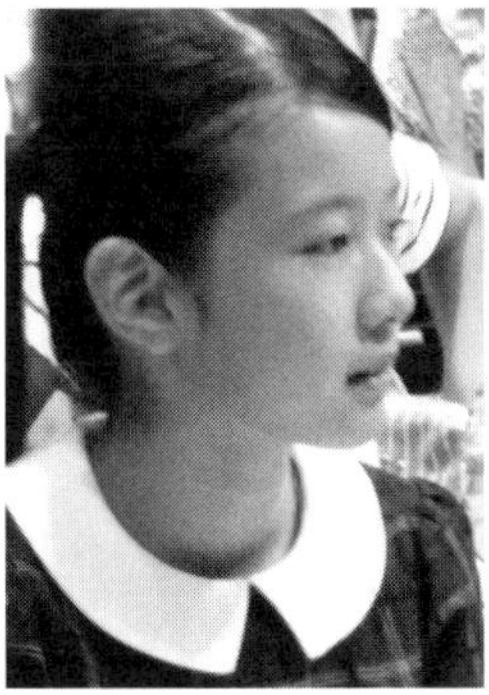

本や映画は
いろんな世界へ
連れていってくれる！

よその子と
比べそうになったら、
わが子の長所を
書き出しましょう。

子育てしていると、親御さんたちが〝陥りやすい罠〟があると思います。それは、わが子をほかの子と比べてしまうこと。子供の成長をよその子の成長と比べて、ほっとしたり、あせったりするのも親心でしょう。

親と言っても初心者だったりする場合、自信がないという側面もあると思います。わが子が後れをとっていることがあれば、自分の責任だと思い込み、わが子が叱られていると自分が責められているように思ってしまう。まるで一心同体。ついつい、よその子を見てしまい、ナーバスになる気持ちもわからなくはありません。

とはいえ、ほかの子ができて、自分の子ができないと、もうその時点で「うちの子はダメ」と思ってしまうのは、〝罠にはまったこと〟ではないでしょうか。子供たちには、早くできる子もいれば、なかなかできない子もいます。けれど、なかなかできない子が劣っているのかというと決してそうではありません。

子供たちにはそれぞれの習得ペースがあります。長所や短所にも違いがあります。だからこそ、それぞれの個性があり、それぞれの魅力があるわけです。今できなくとも、たとえできるようになるのに5年かかったとしても、その子に確実に身についたものであれば、素晴らしい力となります。

第5章

わが子の個性を育てる

この頑張った時間こそが、子供の〝生きる財産〟。それが子供のなかに芽生えた〝強い心〟を育んでいきます。

ジョビィキッズを始める前、私たちは幼児教室を開いていました。そこにもさまざまな個性の子供たちがやってきましたが、今でも忘れられないのは、ある帰国子女の女の子。超がつくほどのマイペースぶりを発揮して、よその教室には入れなかったというのです。「諦めてください」とまで言われたそうですが、何事もスローペースな反面、とても丁寧に一生懸命やる子でした。私たちは、その子にとことん付き合いました。ペースは違っても、ここが彼女のいいところなんだという信念があったのです。結局、その子は第一志望に受かりました。そんな経験をいくつも積み重ねてくると、比べることがいかに無意味なことかわかってくるのです。

子供にとっても、比べられることほど嫌なことはありません。まだ、自分だけを見て言われたことなら納得できる部分もあるかもしれませんが、比べられたうえで否定されたら、どうしていいかわかりません。「あの子はできているのに、なんであなたはできないの?」と言われても、人には得意不得意があるし、長所短所も違うんです。

親のほうだって、「あの子は買ってもらったのに、なんでうちはダメなの？」と子供に言われるのは嫌なものですよね。

よその子というのは、いいところばかり目につきやすいもの。**もし、よその子と比べそうになったら、わが子の長所を書き出してみてはどうでしょう。**書き出すことで冷静な気持ちを取り戻せますし、わが子を客観的に見る機会にもなります。同時に伸ばすべきところが見えてくるはずです。短所にしても、それはマイナスではなく、これから補充していけば長所になりうる可能性を持った側面です。

いずれにしても、**見つめるべきはよその子ではなく自分の子供。親御さんには、できたからいいのではなく、わが子がどのように立ち向かうのか、そのことに興味を抱いてほしい**のです。

よその子は、よその子。わが子の「立ち向かう姿」に寄り添い、ともに泣き、ともに喜びを分かち合っていただきたいと心から思います。

Jobbykids story

子供と一緒にいる時間の長短で愛情は量れません。

ひと昔前に比べて家庭の在り方は大きな様変わりを見せています。かつては家族を中心に、父親がどんと構えていた大家族も多かったようです。ところが次第に夫婦単位の家庭が中心となり、共働きが増えてきました。厚生労働省の「国民生活基礎調査」（２０１６年）によれば、現在は7割近くのお母さん方が働いています。さらにシングルマザーの家庭は、子供のいる世帯のおよそ4割を占めています。最近は父子家庭の方も増えてきたように感じます。

働くお母さん方は、「子供との時間が少なく、寂しい思いをさせている。子供には申し訳なく思っている」と切ない気持ちを抱いています。そして、その気持ちが「悪い」という思いに転化する方が多いようです。特になんらかの理由で片親になった方は、そう思う傾向が強い。でも、そんなことは思わないでいただきたい。子供たちと向き合っている私たちは、切にそう願います。

ジョビィキッズ20年の歩みのなかでは、いろんなことがありました。親の離婚、再婚、そして死別。現在、闘病中の親御さんもいます。子供たちはさまざまな生活環境の中で喜怒哀楽を体で覚え、また、出会いと別れを経験して成長していきます。

家庭環境が一変し、情緒不安定になる子もいれば、親が亡くなってもぶれずにレッスンに通い続ける子もいます。その違いは何かと考えると、一つだけ思い当たることがあります。それは、〝親の自信〟です。どんな環境であっても、親は子供を守り、育て、ともに歩んできたという事実があります。それは、ジョビィキッズを辞めても続けても、たとえ親が亡くなったとしても、ともに寄り添い、歩んだ道は消えることがない。子供たちはその道の延長線上でこれからを生きていくのですが、ともに歩んだその道が揺るぎのないものならば、子供たちは真っ直ぐ前を向いて生きていける気がします。

たとえ環境が変わっても、それまで一緒に歩んできたという自信、子供を思ってきたという自信があれば、「子供に申し訳ない」などと思う必要はありません。歩いてきた道まで揺らいでしまうと、子供は敏感にそれを感じ取ってしまいます。

「失敗したっていいんだよ。何回でもトライすればいいの。だから、大丈夫！」などと、私たちはよくレッスンで子供たちに言うのですが、それまでの土台は親御さんがしっかりと子供たちにつくってくれたもの。その土台さえあれば、どんな未来であっても道はできます。

だから、自信を持ってほしい。そして、子供たちの生き抜く力も信じてほしいと思います。

第6章

\ 親御さんへ /

自分を信じる心を育てる

子供の意思を尊重することと、
言いなりになることは違います。

第6章
自分を信じる心を育てる

お子さんをどんなふうに育てたいですか？

そう聞かれたとき、「子供の意思を尊重して、やりたいことをやらせたい」と答える親御さんがとても増えています。でも、実はちょっと気になることがあります。

やりたいことをやらせてあげたい。――その姿勢はとても素晴らしいことだと思います。小さな子供はまだ自分では動けませんので、親がさまざまな体験を与えないと見つからないものもあると思います。でもそのなかで、ひとたび子供が「やりたくない」と言ったからといって、すぐに辞めさせようとするのは意思の尊重でしょうか。「勉強したくない」と言ったら、その言葉を尊重して、ほうっておきますか？

子供はどうしても経験が少ないので、目先のことにとらわれやすく、うまくいかないことがあると、すぐに嫌になる傾向があるものです。また、3、4歳くらいの子供は自分で目標を立てられないので、やりたかったことでもしばしば目標を失いがちです。ですから、習い事でもなんでも、「子供が『いや』と言っているので辞めます」では、子供の言いなりになっているだけで、何の成果もないまま終わってしまう気がします。

自分の好きなこと、やりたいことが見つかった子供でも、その思いを持続させるの

は簡単ではありません。中学生くらいになると、メールやＬＩＮＥなど、友達とコミュニケーションをとれる楽しい誘惑がいろいろあるからです。さまざまな誘惑にかられて遊びたい思いが強まると、やりたいと思っていた習い事がやりたくなくなったり、興味の方向が変わってきたりするのです。何を優先すべきなのかを、子供は決められるようで決められないもの。親はそれを明確にし、時には毅然とした態度で優先順位を示さなければなりません。

ジョビィキッズに所属し、ドラマやＣＭで活躍するある女の子も、一時、セリフを覚えることより、友達とのＬＩＮＥが楽しくなった時期がありました。その時、お母さんは彼女にこう聞きました。

「あなたは一番何がやりたいの？　お友達と仲良くしたいの？　それとも夢を追いたいの？　まず一つ決めようよ」

彼女が悩んでいると、お母さんは「ホントにあなたと仲良くなりたいと思う人は、そういうものをしなくても、きっと違う友情の育み方ができると思うよ」と言うと、彼女は納得し、高校生になるまでＬＩＮＥをやらない約束をしました。それによって彼女は、自分が本当に望んでいることを再確認して努力を持続させ、活躍の場を広げています。

子供が成長していく過程で、親は要所要所でそういう決断を下さなければならない場面があると思います。**子供が本当にやりたいことを一生懸命やり続けるために、時として親が優先順位を決める強さが必要なのです。**ある時期、親が決断することで、子供に「今、自分にとって何が一番大事か」をわからせないといけない。その強さを、親は絶対に身につけるべきだと思います。

そうして親子の信頼関係ができた段階で、次に大事になってくるのが子供を尊重することです。それはあくまでも、親子で決めたルールの中での尊重です。

今は、「子供を尊重すること」が独り歩きして、ご家庭の生活が子供中心に回っていることも多いようです。でも、子供にリーダーシップを取らせるのは絶対にダメ。**家のリーダーはあくまでも分別のある大人になっていただきたい**と思うのです。

もちろん、大人だって完璧な人はいませんが、大人以上に未完成で判断力の未熟な子供に、進むべき方向はわからないもの。親が子供の自由気ままな言動を受け入れ、気持ちをくみすぎると、家庭でのリーダーの存在があやふやになりがちです。そうすると子供は、心もとない気持ちの裏返しでわがままになってしまうんでしょう。

いま思えば、私の母親も随分強引でしたが、時には叱りながらでも引っ張ってくれたことで、「これでいいんだ」「自分にはこの人がいるんだ」と、訳もわからず安心していた記憶があります。

だから私は、親御さんたちに言うんです。

「子供の意見を聞くのはいいけれど、リーダーシップをとるのは親御さんですよ。自信を持って」って。**親に確固たる方針があれば、子供はついていきます。**親御さんは、もっとずぶとくていいんです。

親がリーダーシップをとって
子供たちを導いていってほしい

「自分は自分」と
気にしない勇気を
持ちましょう。

第6章
自分を信じる心を育てる

ジョビィキッズに来ている子供の親御さんには、共働きの方も、シングルマザー、シングルファーザーの方もいます。仕事に子育てに頑張る親の姿は、子供から見てもカッコいいはず。

けれど親御さんのほうは、「自分は子供に対して十分に手をかけてあげていないんじゃないか？」と思いがちです。その気持ちに追い討ちをかけるのが、祖父母など周囲からの声。「あなた、ちゃんと手づくりのごはん、食べさせてる？」「子供の面倒は大丈夫なの？」という言葉だったり、ママ友が何気なく口にする「〇〇ちゃん、寂しいと思うよ」という言葉だったりします。それを聞くと、一緒にいる時間の少ない親御さんたちの心は千々《ちぢ》に乱れます。

けれど、人生、変えられないことだってあるんです。子供はそのぶんしっかりしたり、進んで家事を手伝ったりするものです。**子育てにおける価値観は人それぞれですし、置かれた環境によっても違います。〝外野の声〟はいろいろありますが、「自分は自分」と、気にしない勇気を持ちましょう。**

それは子供に対しても同じです。世の中には、自分の離婚を負い目に感じている方も多いと思います。子供に対して腫れ物にさわるような接し方をしていると、子供は増長しやすくなります。

あるお母さんは、遅い時間に仕事に出ようとしたときに、子供たちにグズられて、申し訳ない気持ちでいっぱいになったそうです。「私が子供たちのことを見てあげられないのは事実だから」と。

それに対して私たちははっきりこう伝えました。

「そんなの負い目に思わずに、『あなたたちのために働いてるんだよ。何が悪い？』くらいの気持ちじゃないと！　負い目を感じる必要なんてないでしょう」

働くことは自分のためでもあるけれど、子供のためでもあるはずです。子供が夢を追えることも、習い事ができることも親御さんに感謝すべきことだと思うからです。

親は誰だって、いい親でありたいと思っています。でも自分の現状が理想に追いつかないと、働いていることまでも負い目に感じてしまう。子供はその気持ちを見透かして、わざと親を試すようなイジワルを言うのです。

子供に十分な時間をかけられないことを親が後ろめたく思う気持ちはわからなくはありません。でも、それを子供は敏感に察知して、「もしかしてお母さんは、自分に愛情を注いでないのかな？」と誤解することさえあります。

でも多くの場合、子供もちゃんとわかっています。親に甘えたい気持ちがそうさせるだけ。**子供は、「完璧だから親が好き」とか「完璧じゃないから嫌い」なんて考えません。**仕事をしていようがいまいが、離婚していようがいまいが、一日口をきいてくれなくたって全然関係ない。**置かれた環境のなかで自分を愛してくれれば問題ないし、そんな親のことが無条件に好きなんです。**

だから、「子供に悪い」なんて思うのはやめましょう。親御さんには自分の姿に誇りを持って、胸を張っていてほしいです。

近づきすぎると
見えなくなります。
自分の怒りをぶつけただけでは
何も伝わりません。

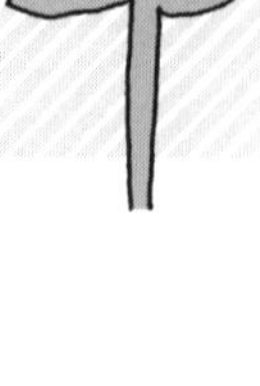

第6章
自分を信じる心を育てる

ジョビィキッズの子供たちに、「どんな先生が好き?」と聞くと、みんな、「楽しい先生」「面白い先生」って答えます。でも、よく話を聞きだしてみると、決して楽しいだけではないことがわかります。言うべきことはビシッと言い、時に厳しいこともあるようです。子供たちも、怒らない先生より、直すべき部分をはっきり言ってくれる先生のほうがいいってわかっているんでしょう。逆に、叱られないほうが無視されているみたいで、嫌なんじゃないでしょうか。

一方で、子供が一番拒絶反応を示すのが、感情で怒られること。親はどうしても子供に対して感情的になりがちですが、そうなると、子供はどうしていいかわからなくなってしまいますし、**親が感情的になると子供も触発されて、お互い感情のぶつけ合いになるだけです。**結局、論点がずれたり、親も結局どうして怒っているのかわからなくなって、何も解決しないことが多いのではないでしょうか。残るのは、嫌な後味だけ。私たちもそこはすごく気をつけています。

きっと、子供を「きちんとしつけておきたい」という思いから、親は子供に対して厳しくなるんだと思いますが、出発点はそうであっても、期待するような反応がなかったりすると、ついつい感情的に……。そんな話をよく聞きます。

私たちは、親ではありませんので、ある程度、客観的な立場でいられるわけですが、この子をよくするにはどうしたらいいか、伸ばすにはどうすればいいかと、それだけを考えています。だから、ボルテージをあげなくても注意できるし、指摘すべき点をはっきり言える部分があるとは思います。

人間は、相手と一体化して近づきすぎると相手のことが見えなくなります。

試しに、お子さんと顔と顔をぐーっと近づけてみてください。

鼻の先まで近づくと、目鼻立ちが見えなくなりますよね。感情で怒っているとき、親はそうなっています。近づきすぎて、子供のことが全然見えてない。そういうときは、どうするかというと、顔と顔を少しずつ離すんです。少し離すと、ここに目がある、口がある、その子のことが少しずつ見えてきます。

それでもムカムカが収まらないときは、「どうして叱るのか」を冷静になって考えてみてください。**子供に直してほしい部分があるから、叱るんだということを思い出しましょう。**

「なんでわかってくれないんだ?」という思いで腹を立てていると、親は自分の怒りをぶつけただけで満足しがちです。でもそれは、子供のまずいところを直そうとしているんじゃなく、単なる親の感情の発散なので、子供には当然、響きません。「うるさいな」と表面的なところしか伝わらず、それだと意味がありません。

だから、「コラッ!」と思ったら、まず、一息。直してほしいところがあるから叱るんだと、自分に言い聞かせるといいかもしれません。そうして自分の信念を確かめれば、どう言えばいいか、おのずと叱り方がわかるはず。きっと子供にも伝わります。

プラス思考の仲間がいれば、
困難も乗り越えられます。

第6章
自分を信じる心を育てる

友達づくりや人間関係で悩むのは、子供だけではありません。むしろ親御さんのほうが、悩んでいる人は多いかもしれません。

悩んでいると、人は後ろ向きになりがちです。けれど、自分がぶれたり、人の言うことに流されてばかりいると、本来、力を合わせたいと思う仲間とは違う考えの人たちが寄ってきて、また別の方向に行ってしまったりします。**自分の力になってくれる仲間というのは、何事においてもマイナス思考の人ではなく、プラス思考の人でないと難しい**と思います。どうしていいかわからずに迷っていたり、つらいときほど、前向きな仲間のありがたさや大切さが身にしみるものです。

失敗したりして自信がなくなると、人はあきらめたくなります。もちろん、頑張って、自分が納得のうえでなら、いたしかたないこともあるでしょう。でも親御さんたちも、あきらめなかったからできたことも、これまでの人生のなかで多々あるのではないでしょうか。私たちもそうです。

ジョビィキッズの今も、そんな「あきらめない」精神があったからこそ。あの時、私たちがあきらめていたら、今はありません。子供たち、親御さんたち、たくさんのスタッフ、応援してくださる方々、そして作品に出会える喜びもなかったのです。

なぜ、私たちはあきらめなかったのか——。それは、無我夢中で働きながら、絶対にできると信じる心があったから。そして、その心を支え合う仲間がいたからです。ひとりだけでは難しかったと思います。

人はそんなに強くありません。「もうダメかもしれない」なんて気弱になったこともありましたが、そんなとき、「絶対できる！」と励まし合い、一緒に前向きになってくれる仲間がいたのは、とても大きかったと思います。

子供たちも同じです。壁にぶつかったら「もう、ダメかもしれない」とあきらめそうになるでしょう。そんなときは、「絶対、大丈夫！」と一緒に前を向いてください。**どんなときもひとりじゃない。そう思える仲間や背中を押してくれる誰かの存在は、人の心を強くします。**

親御さんも、くじけそうになったら、一緒に前を向ける仲間を見つけてください。それは身内でも友人でも、学校や習い事の先生でもいいと思います。

思い悩んだときは、
自分自身を信じてください。

普段、私たちがレッスンで苦心するのは、子供たちから〝感情を込めた演技〟をどう引き出すかということです。いまだかつて経験したことのない感情を表現するため、そこにどう気持ちを持っていくかはとても難しいこと。

でも、〝泣く演技〟だけは別なんです。〝誰かが親の悪口をこんなふうに言った〟というシチュエーションを与えると、子供は感情を高ぶらせて、本物の怒りと悔しさで、すぐに泣き始めるんです。自分に対する悪口じゃない。**親の悪口を言われることが、子供にとってはいちばんつらい**。そのたびに私たちは、どの子も親が大好きなんだなと感じます。

かくいう私も、正真正銘のマザコンです。私の母は、自分のため、家族のために懸命に働き、子供を愛し、子供の可能性を後押しするためならどんな労力もいとわない人。豪快でまっすぐで、私が悪さをすれば平気で雷を落とす人でした。

でも私は、「母は、私のために頑張ってくれている」「私のことを思って叱ってくれる」と感じ、その愛を疑ったことは一度もありませんでした。なぜなら、母が自信満々だったからです。彼女にもきっと不安に思うことはあったでしょうが、それを凌《りょう》駕《が》する頼もしさがありました。

そんな母も弱い部分はありました。母の涙を見たときは、「自分がその涙を拭いてあげたい、母を守ってあげたい」と、子供心に感じたものです。

今の親御さんたちは子供思いで優しくて、その思いが強い人ほど、「本来の自分よりこういう人でいよう」とか「頑張ってる私になりたい」と思っているように見えます。そう思うがゆえに必要以上に無理をして、疲れたりプレッシャーを感じたり、つらくなったりするんじゃないかなと思います。

でも、そんなに頑張らなくても十分素敵だし、もっと本当の自分のままでいいんじゃないでしょうか。子供たちだって、「いい親じゃなきゃだめ」とか「すごい人でいてほしい」なんてことを望んでいないと思います。ただただ自分の親がよかったりする。別に**親が勝手に思う〝理想のお母さん〟〝理想のお父さん〟じゃなくてもいい**んです。

子供のうちはそうじゃないと思っていた人も多いかもしれませんが、親は必ずしも強いばかりじゃないですよね。人間なんですから、笑ったり泣いたり、弱い部分も隠さずに、もう少し等身大の背中を見せてあげたらいいんじゃないかなと思います。時にはそんな親の人間味あふれる姿が子供たちにとって参考になったり、そのなかに見え隠れする「お母さん（お父さん）はすごいな！」と思う部分が誇らしく思えたりするはずです。

子育てに明確な答えが存在しないぶん、親は迷うし、自信を失うこともあるでしょう。それでも**揺るぎない愛情を持って、親が子供を信じてさえいれば、子供はほうっておいても、本当は大丈夫なんです。**

もしも、「自分のしていることは正しいのかな？」と思い悩んだときは、まずは自分の愛情を、自分自身を信じてください。そして自分の子供を信じてください。親にその頼もしさがあれば、子供は何があろうと大丈夫。何と言ったって、子供は親が一番大好きなんです！

パーフェクトに
ならなくていい。
不安に思う必要なんて
ありません。

どんな親御さんたちにも、子育てに自信をなくし、自分を責め、周りを気にして泣きたくなることがあると思います。そりゃそうですよね。自分以外の人間＝子供に責任を持ち、立派に育てていこうと頑張っているんですから。

子供の悲しみや苦しみに胸を痛め、成長に不安や希望を抱く。まるで自分のことのように……。そうなんです。自分のことになってしまうんです。もっとできるはず……いやいや、焦りすぎかも。その葛藤の繰り返し。どうしても自分自身に引き寄せてしまって、客観的にはなれません。

しかし、アンケートで親御さんたちに、子供だった頃「自分の親に感謝していること、うれしかったこと」「言われて嫌だったこと」をうかがうと、けっこう、今、親になった自分が子供たちにしていることと似ているんですよね。

◎言われたくなかった言葉
・だからあなたたちはダメなのよ。
・あなたには無理。
・一日、何してたの？

・なんのとりえもない子ね。
・さっさとあきらめなさい。
・その他、友達と比べる言葉etc.

◎自分の親に感謝していること、うれしかったこと
・温かく見守ってくれたこと。
・自分の意見を尊重してくれたこと。
・やりたいことを応援してくれたこと。
・冷静なアドバイスをくれたこと。
・黙って寄り添ってくれたこと。
・思い出を作ってくれたこと。etc.

子供の頃の自分は親に焦らないでほしかったり、見守っていてほしかったり、信じてほしかったり……。決して難しいことを望んでいるわけではなかったんですね。信じてもらえたことを何十年もうれしく思っていたり、見守ってもらっていたことに安

心感を覚えていたり……。

今の親御さんたちは、自分にも厳しい気がします。働いているなかで一緒にいられる時間は限られています。きょうだいを分け隔てしないように……といっても、一人一人違う個性なので思いもそれぞれ違うはず。子供にいつもニコニコしていられるほど、世の中いいことばかりではないし、自分のことだって誰かに認められたいって思ったりもしますよね。

いいじゃないですか。**みんな人間なんて不完全なもの。すべてパーフェクトになんてできたら、苦しみも喜びも何もありません。**子供に接する時間が少ないんじゃないかなんて、不安に思う必要なんてありません。向き合えるときに向き合う。それで十分。これはたとえ1カ月に1回でもいいと思います。

ただし、思い切り向き合ってください。

本気で一緒に遊ぶとか、思いっきり笑い合うとか、真剣勝負するとか。これは頻度でも回数でもないんです。**どれだけ真剣に向き合えるか。この1回が濃密であればあるだけ、お子さんの記憶に刻まれる**と思います。

おわりに　一生懸命が人を動かす

これまでたくさんの親御さんと接してきたなかでつくづく感じるのは、親にとって子育ての悩みは尽きないものだということです。

わが子の人見知りを直したい、もっと自信を持ってほしい、諦めない精神を養ってほしい……などなど、親御さんの目下の悩みはさまざまです。けれど、親が最終的に子供に願うことは、親の年齢にかかわらず、時代を超えて、たった一つのような気がします。それは、「自分の道を自分で決めて、自分の足で立ってほしい。後悔しない人生を笑顔で生きてほしい」という、ただそれだけのような気がするんです。

誰かの責任にするのではなく、自分で決めて自分で歩む人生には、挫折がつきものです。けれどそこに立ち向かう勇気を育て、努力を続けることが子供に本当の強さを与え、ともに成長できる仲間との出会いをもたらします。大事なわが子ですから、親としては心配もあるでしょう。でも子供たちの成長過程において、挫折はあっていいのです。むしろ、そこで踏ん張れる強さを身につけ、力になってくれる仲間を大切にしてほしいと、親御さんたちも心の底では望んでいらっしゃるように思います。

この本をまとめるにあたってアンケートを行いました。その項目の一つが「最後にわが子にたった一つ伝えるとしたら何を伝えますか」でした。その回答は、読んでいて胸が熱くなるものばかりでした。


「悔いのないようにがんばってほしい」

「いつでも自分らしく生きてほしい」

「自分を信じて、自信を持って前に進んでほしい」

「どんなことでも、本気を出してファイト！」

「どんなにつらくても、現実と向き合う力をつけてほしい」

「自分も自分の周りの人も幸せにできる人になってね」

「あなたが自分の子供でよかった」

「ずっと大好きだよ」……


親御さんの日々の悩みは複雑で、わが子や自分自身に、より高い理想を求めてしまう部分もあるかもしれませんが、親が最終的に願うのは、こういうことなんだなあとしみじみ思います。こんなふうに言えることそのものが、親御さんも子供とともに懸命に生きている証です。そしてそんな親の思いと愛情が、子供にとっては何よりの支えになるのでしょう。

私たちもこの20年間、一生懸命がんばっている子供たちの力になりたい一心で突っ走ってきました。逆に言えば、なぜジョビィキッズが一生懸命やってこられたかというと、それはジョビィキッズに一生懸命がんばる子供たちがたくさんいたからです。

どんな習い事もそうだと思いますが、子供たちがその道で自分の目標を達成するには、本人の努力はもちろん、送り迎えをしてくれる親のサポートや、周りの人たちの協力が必要です。自分の夢を叶えるには、「周りの人を動かす力」がとても重要になってくるのです。

そして周囲の人間は、その子が一生懸命がんばっているからこそ、その子の力になりたいと思って動き出します。できている子だから力を貸すわけでも貸さないわけでもなくて、〝一生懸命がんばる子だから〟力を貸したいのです。

「一生懸命」は人を動かします。

子供たち一人一人が夢を達成するためには、とにかく一生懸命に、全力でがんばり続けることがすごく大切なんです。

親御さんたちは、夢を叶えたいわが子にどうかお伝えください。できているかできてないかじゃなくて、何があってもあきらめずにがんばり続ける姿勢が大事だということを。そして月並みな言葉かもしれないけれど、その一生懸命がんばる姿が人を動かす大きな原動力になるんだということを。

ジョビィキッズの全スタッフは、一生懸命がんばる子供たちがいてくれる限り、みんなに負けない情熱で、誠心誠意子供たちと向き合い、社会に出ていくなかで通用する本当の強さと自信が身につくように、みんなをバックアップしていきたいと思っています。それが私たちジョビィキッズの喜びであり、使命だと思っています。

本書をまとめるにあたりご協力くださった編集の瀬谷さん、長瀬さん、浜野さん、アルビレオのデザイナーさん、絵を描いてくださった佐々木一澄さん、ジョビィキッズに所属する子供たちの親御さん、一生懸命がんばり続ける子供たち、子供たちを応援してくださる方々、そしてこの本を手にしてくださったすべての方々に心から感謝を申し上げます。本当にありがとうございます。これからもご一緒に、一生懸命がんばっていきましょう！

ジョビィキッズ
代表取締役　尾津喜美
専務（マネジメント総括）　尾津喜世
レッスン総括　大崎雅代
スタッフ一同

［ジョビィキッズ］
尾津喜美／尾津喜世／大崎雅代

［編集協力］
長瀬広子／浜野雪江

わが子のやる気の育て方

2017年9月29日　第1刷発行

著　者　ジョビィキッズ
発行者　石崎 孟
発行所　株式会社マガジンハウス
〒104-8003　東京都中央区銀座3-13-10
受注センター ☎049-275-1811
書籍編集部　☎03-3545-7030
印刷・製本所　大日本印刷株式会社
装　画　佐々木一澄
装　幀　アルビレオ

ISBN978-4-8387-2952-4 C0095
マガジンハウスのホームページhttp://magazineworld.jp/
JASRAC 出 1710955-701